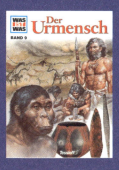  

     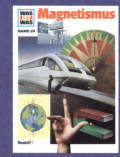
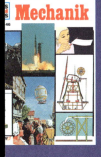  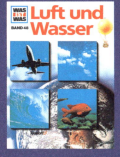 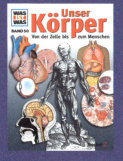  
   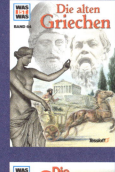  

Weitere Titel siehe letzte Seite.

Ein  Buch

# Mittelalter

Von Dr. Hans-Peter von Peschke

Illustriert von Nikolaj Smirnov

# Vorwort

Mittelalter – damit verbinden wir Ritter, Burgen, Turniere und überhaupt eine bunte, faszinierende Zeit. Freilich stellt das, was in Filmen oder auf Mittelaltermärkten prächtig und mehr oder weniger historisch richtig dargeboten wird, nur Ausschnitte einer vielschichtigen Wirklichkeit dar. Der vorliegende Band gibt einen Überblick über den bewegten Zeitabschnitt zwischen Völkerwanderung und Beginn der Moderne und zeigt dabei die wesentlichen Epochen und Entwicklungen auf. Besonders interessiert haben uns dabei jene Fragen, die sich mit dem Alltag, dem Denken und Fühlen der Menschen beschäftigen. So sind den Kapiteln zu Stadt und Land, zu Burgen und Klöstern vier kleine Geschichten vorangestellt, die einen Tag im Leben eines jungen Menschen des Mittelalters schildern.

Welche Hoffnungen, welche Wünsche, welche Lebenspläne hatten Leute, deren ständige Begleiter Krieg, Hunger und Krankheit waren? Worüber freuten und ärgerten sie sich, woran glaubten sie? Aber natürlich auch: Wie funktioniert eine Gesellschaft, in der es nur eine kleine herrschende Schicht gibt, die große Mehrheit der Bevölkerung aber abhängig und ziemlich rechtlos ist? Und wo zeigen sich Ansätze, die den Ausbruch aus jenem starren System markieren?

Besonderen Wert haben wir auf farbige und detaillierte Zeichnungen gelegt (die Menschen des Mittelalters liebten es bunt). Viele der zeitgenössischen Bilder stammen aus dem späteren Mittelalter, denn erst dort interessierten sich die Künstler für konkrete, irdische Themen. So ergibt sich ein facettenreiches und faszinierendes Mosaik, in dem Krieg und Frieden, Freude und Leid, Hunger und Prassen, Festzeit und Alltag in Stadt und Land, in Klöstern und Burgen aufschimmern.

**BAND 118**

■ Dieses Buch ist auf chlorfrei gebleichtem Papier gedruckt.

Wir danken Harry und Marianne Erath für die wissenschaftliche Durchsicht und fachkundige Beratung sowie der Capella Antiqua Bambergensis für ihre freundliche Unterstützung (www.capella-antiqua.de).

### Bildquellennachweis:

Agentur Schapowalow, Hamburg: S. 14ml; AKG, Berlin: S. 4, 60l 6ur, 8 (2), 9 (3), 10 (3), 110l, 11ul, 13ml, 15um, 16mr, 16u, 17 (2), 18ol, 18mr, 19m, 19ur, 20ol, 24/25o, 30/31u, 30ul, 31or, 31m, 39mo, 43u, 44/45 (Hintergrund), 45ur, 47 (Hintergrund), 47ul, 47ur; Archäologisch. Landesmuseum Baden-Württemberg, Konstanz: S. 19or; Archiv Tessloff Verlag: S. 19ol (7), 28o; Artothek, Weilheim: S. 7m; Bayerische Staatsbibliothek, München: S. 1, 25r, 39ul, 40/41ul; Biblioteca Nazionale Marciana, Venezia: S. 24ol, 24ur, 31ur, 34om, 34ul, 36ul; Corbis, Düsseldorf: S. 27ur; Germanisches Nationalmuseum, Nürnberg: S. 5u, 28u, 45o, 46ur; Herzog-August-Bibliothek, Wolfenbüttel: S. 6or, 35ur; Historisches Farbarchiv Elsler, Norderney: S. 47or; Historisches Museum, Bamberg: S. 36o; Historisches Museum, Basel (Rainer Baum): S. 21om; KHM, Wien: S. 4omr (2); Landesbibliothek Baden-Württemberg, Stuttgart: S: 41mr; Landesmuseum Kärnten, Klagenfurt: S. 19ul; Österreichische Nationalbibliothek, Wien: S. 13o, 15ul, 37ol; Picture-Alliance; Frankfurt: S. 16or, 30um, 37or; Picture-Desk, London: S. 18or (The Art Archive / Archaeological Museum Cividale Friuli / Dagli Orti), 18u (The Art Archive / Castella di Manta Asti / Dagli Orti), 26mr (The Art Archive / Bibliothèque Municipale Laon / Dagli Orti), 3oul (The Art Archive / Bibliothèque Municipale Laon / Dagli Orti), 35ol (The Art Archive / Bibliothèque Municipale Rouen / Dagli Orti), 37ul, 38ul (The Art Archive / University Library Prague / Dagli Orti), 44ul (The Art Archive / Bodleian Library Oxford / The Bodleian Library), 46o (The Art Archive / Bibliothèque Municipale Valenciennes / Dagli Orti); Rosengartenmuseum, Konstanz: S. 34ur; Scala Group, I – Antella: S. 5or (Pierpont Morgan Library), 33or; Staatl. Kunsthalle, Karlsruhe: S. 45ml (2); Staats- und Universitätsbibliothek Bremen: S. 27or (3); Staats- und Universitätsbibliothek Göttingen: S. 21mr; Stadtbibliothek Nürnberg: S. 40/41o (10), 48 (2); Universitätsbibliothek Freiburg: S: 43o; Westfälisches Landesmuseum, Münster: S. 42o; Zentralbibliothek Zürich: S. 14u, 30ol, 44o; ZEFA, Düsseldorf: S. 27 (Hintergrund), 37u;

Copyright © 2004 Tessloff Verlag, Burgschmietstr. 2-4, 90419 Nürnberg.
www.tessloff.com • www.wasistwas.de
Die Verbreitung dieses Buches oder von Teilen daraus durch Film, Funk oder Fernsehen, der Nachdruck, die fotomechanische Wiedergabe sowie die Einspeicherung in elektronische Systeme sind nur mit Genehmigung des Tessloff Verlages gestattet.

ISBN 3-7886-1505-2

# Inhalt

## Das Mittelalter

Warum ist das Mittelalter für uns so spannend? **4**

Wie sah Europa im frühen Mittelalter aus? **5**

Zeitmessung **5**

Warum war das Hochmittelalter eine „goldene Zeit"? **6**

Wie war die Gesellschaft im Mittelalter aufgebaut? **6**

Das Lehnswesen **6**

Unter welchen Bedingungen lebten die Menschen? **8**

Die Welt als Scheibe **8**

Woran glaubten die Menschen? **9**

### Zeittafel **10**

## Leben auf der Burg

Warum baute man Burgen? **13**

Wie sahen die ersten Burgen aus? **13**

Welche Gebäude gehörten zu einer Burg? **14**

Der Bau einer Burg **14**

Wer lebte auf der Burg? **15**

Wie feierte der Adel seine Feste? **15**

Welche Arten von Turnieren gab es? **16**

Wie verlief eine Jagd? **17**

Wie wurden die Speisen zubereitet? **17**

### Freizeit und Mode **18**

### Kampf um die Burg **20**

### Leben auf dem Land

Unter welchen Bedingungen lebten die Bauern? **24**

Wie sah das Leben auf dem Dorf aus? **24**

Erfindungen **25**

## Leben im Kloster

Wie entstanden die Klöster? **27**

Welche Aufgaben hatten die Klöster? **27**

Was gehörte alles zu einem Kloster? **28**

Buchherstellung **28**

Wer lebte in den Klöstern? **29**

### Gesundheit **30**

## Leben in der Stadt

Warum und wo entstanden Städte? **33**

Welche Rechte hatten die Städte? **34**

Wer herrschte in der Stadt? **35**

Juden **35**

Wer gehörte nicht zu den Bürgern? **36**

Wie sahen die Städte aus? **36**

## Kathedralen **37**

Wie waren die Stadthäuser gebaut? **38**

Strafen **39**

Wie lebten und arbeiteten die Handwerker? **40**

Was geschah auf dem Markt? **41**

Welche Ausbildung gab es in der Stadt? **42**

Wechsel **43**

## Reisen **44**

## Aufbruch in eine neue Zeit

Wie endete das Mittelalter? **46**

Welche Veränderungen brachte die neue Zeit? **47**

Ein Gericht aus dem Mittelalter **48**

## Index **48**

3

# Das Mittelalter

**Warum ist das Mittelalter für uns so spannend?**
Tapfere Ritter, die um die Gunst edler Damen werben, wehrhafte Burgen und mächtige Kathedralen, prachtvolle Turniere, aber auch bittere Armut, Hungersnöte und entsetzliche Seuchen – das Mittelalter hat viele Gesichter. Es ist von Gegensätzen geprägt und wohl gerade deshalb für viele Menschen eine der faszinierendsten Epochen der Weltgeschichte.

Wann es beginnt, ist unter Forschern umstritten. Manche setzen den Anfang des Mittelalters mit dem Untergang des weströmischen Reiches gleich, das in der Zeit der Völkerwanderung, im 4. und 5. Jahrhundert, von germanischen Stämmen erobert wurde. Es umspannt dann einen Zeitraum von rund 1000 Jahren: von etwa 500 bis 1500. Für andere Historiker fängt es erst mit Karl dem Großen so richtig an, der 800 zum ersten Kaiser des Mittelalters gekrönt wurde. Seit der Zeit Karls des Großen bildete sich eine streng geordnete Gesellschaft heraus, in der jeder Mensch seinen festen Platz hatte. Adel und Kirche herrschten über Bauern und Stadtbewohner.

Im Laufe des Mittelalters änderte sich das Gesicht Europas: Viel Wald wurde in Ackerland umgewandelt, die Bevölkerung wuchs, Städte entstanden und die Menschen trieben regen Handel. Erfindungen und Entdeckungen verwandelten die Welt. Der Übergang zur Neuzeit geschah allmählich, in einem jahrhundertelangen Prozess. Ein symbolisches Enddatum des Mittelalters gibt es aber: Mit der Entdeckung Amerikas im Jahre 1492 brechen die Europäer zu neuen Horizonten auf.

*Auf dieser Buchmalerei aus dem 15. Jahrhundert reiten Adelige zur Falkenjagd aus. An ihren reich verzierten Gewändern in kräftigen Farben und den prächtig geschmückten Pferden erkennt man ihren hohen Stand. Der Jagdgehilfe ganz vorn geht zu Fuß, seine Kleidung ist grau und einfach.*

**DEN BEGRIFF MITTEL-ALTER** prägten die Gelehrten im 15. und 16. Jahrhundert. Sie bezeichneten damit die Zeit zwischen der Antike, die von den Hochkulturen der Griechen und Römer geprägt war, und der Renaissance, in der Wissen und Kultur der Antike eine Art Wiedergeburt erlebten. Die dazwischen liegende Zeitspanne – das Mittelalter – war für sie eine dunkle Zeit: eine Epoche des Niedergangs und Verfalls von Bildung und Kultur. Erst in späterer Zeit verlor die Bezeichnung „Mittelalter" ihren negativen Beigeschmack.

### Wie sah Europa im frühen Mittelalter aus?

Das frühe Mittelalter bis etwa 1000 n. Chr. war von den Nachwehen der Völkerwanderungszeit geprägt. Zahlreiche Kriege hatten weite Landstriche verwüstet, die römischen Städte lagen verödet. Die Menschen hatten sich aufs Land, in die Dörfer und Weiler, zurückgezogen. Sie lebten in ständiger Angst vor Überfällen: Sarazenen, Wikinger, Ungarn und slawische Stämme fielen auf ihren Raubzügen plündernd und brandschatzend in die Siedlungen ein. In dieser Zeit entstanden die ersten Burgen – als Symbol der Herrschaft, aber auch als Rückzugs- und Fluchtpunkt für die Bevölkerung. Adelige und Klöster wurden zu Schutzherren der Dorfbevölkerung, die dafür Abgaben und Fronarbeit leisten musste.

Die Landschaft unterschied sich damals noch stark von unserer heutigen. Zwar gab es dort, wo sich vorher das Römische Reich ausgebreitet hatte, schon viele Äcker, Städte und Straßen. So war Italien von Feldern,

*Der Winter war oft eine schwere Zeit für Mensch und Tier. Im Frühling, wenn das Vieh wieder auf die Weide konnte, lebten die Menschen auf.*

Weinbergen und einem Netz von Wegen überzogen. Durch Straßen verbundene Orte und Marktflecken gab es auch im heutigen Frankreich, entlang des Rheins und südlich der Donau, wo schon zur Römerzeit Städte wie Mainz, Augsburg und Regensburg entstanden waren. Doch insgesamt herrschte nördlich der Alpen Wald vor, ein riesiger, undurchdringlicher Urwald ohne Weg und Pfad.

## ZEITMESSUNG

Im Mittelalter war das Leben sehr stark von der Natur bestimmt. Unsere heutige exakte Zeitmessung war den Menschen unbekannt. Die meisten Leute wussten nicht, in welchem Jahr sie lebten, viele kannten vermutlich auch ihr Geburtsdatum nicht. Der Lauf der Jahreszeiten und der Wechsel von Tag und Nacht bestimmten den Lebensrhythmus. Der Tag begann bei Sonnenaufgang und endete bei Sonnenuntergang. Gearbeitet wurde, solange es hell war, denn die Nacht war sehr dunkel: Talglichter und Wachskerzen gaben nur wenig Licht. Der Arbeitstag war daher im Sommer wesentlich länger als im Winter. Die Tageszeit bestimmte man nach dem Stand der Sonne und dem Läuten der Kirchenglocken. Nur für die Mönche in Kirchen und Klöstern war eine genauere Zeitmessung wichtig: Die Stundengebete, die in dreistündigem Rhythmus stattfanden, mussten pünktlich eingehalten werden. Um die Zeit zu bestimmen, verwendeten die Mönche einfache „Uhren": Kerzen, die eine bestimmte Zeit brannten, Sonnenuhren, kostbare Wasseruhren und Sanduhren (links).

*Krieg ist im Mittelalter allgegenwärtig: Diese französische Miniatur (15. Jh.) zeigt die Belagerung der Stadt Ribodane.*

In diesem Meer von Wald bildeten sich allmählich Inseln der Zivilisation. Die sesshaft gewordenen Germanenstämme begannen, oft unter Anleitung von Mönchen, mit der Rodung. In den Ebenen entstanden Dörfer und Städte zwischen Weiden und Feldern, umgeben von bewaldeten Hügeln. So formte sich allmählich die Landschaft, die wir heute mit Mitteleuropa verbinden.

**Warum war das Hochmittelalter eine „goldene Zeit"?**

Im Hochmittelalter von etwa 1000 bis 1300 erlebte Europa eine einzigartige Zeit des Aufschwungs. Mehr und mehr Land wurde gerodet und urbar gemacht. Neuerungen in der Landwirtschaft, wie der Scharpflug und die Dreifelderwirtschaft, ließen die Erträge steigen. Allmählich produzierten die Bauern so viel, dass mit den Überschüssen auch eine wachsende Stadtbevölkerung ernährt werden konnte. Zahlreiche Städte entstanden. Sie wurden zu Knotenpunkten des Handels und zu Zentren eines Handwerks, das feinere, kompliziertere Produkte herstellen konnte als auf dem Lande.

Zu dieser stetigen Aufwärtsentwicklung trug auch bei, dass seit Beginn des Hochmittelalters die Wikinger-, Sarazenen- und Mongolenüberfälle weitgehend ausblieben. Zudem war das Klima in diesen drei Jahrhunderten sehr mild und angenehm, damals trug Grönland als „grünes Land" seinen Namen zu Recht. All dies schlug sich deutlich in der Entwicklung der Bevölkerung nieder: Lebten in Europa um das Jahr 1000 noch zwischen 25 und 30 Millionen Menschen, waren es um 1300 zwischen 50 und 75 Millionen.

**Wie war die Gesellschaft im Mittelalter aufgebaut?**

Die mittelalterliche Gesellschaft war eine Gesellschaft mit fester Ordnung. Jeder Mensch wurde in eine bestimmte Gesellschaftsgruppe, einen Stand, hineingeboren, dem er meist sein Leben lang angehörte. Die Priester und Ge-

*Christus, der Herrscher der Welt, überreicht König (rechts) und Papst je ein Schwert – als Zeichen für die weltliche und die geistliche Macht.*

### KAISER UND PAPST

Zu Beginn des Mittelalters gingen Kaiser und Papst ein Zweckbündnis ein. Papst und Kirche unterstützten den Herrschaftsanspruch der Könige, dafür schützten diese den Kirchenstaat und den Papst gegen Feinde. Später gab es immer mehr Streit um die Macht. Wer durfte die Priester und Bischöfe einsetzen – Kaiser oder Papst? Der König verfügte in diesem Kampf zwar über ein großes Heer, doch der Papst hatte das Mittel, den König zu ächten, das heißt, ihn von den Sakramenten der Kirche auszuschließen. Das beeindruckte die Menschen sehr.

### DAS LEHNSWESEN

Eine Grundlage der mittelalterlichen Gesellschaft bildete das Lehnswesen, das sich in seinen Grundzügen unter Kaiser Karl dem Großen entwickelt hatte. Um sein Reich regieren und verwalten zu können, brauchte Karl die Hilfe der geistlichen und weltlichen Fürsten: Bischöfe und Äbte, Herzöge und Grafen mussten seine Anordnungen durchsetzen und ihm für seine Feldzüge bewaffnete Krieger zur Verfügung stellen. Als Lohn für ihre Dienste erhielten sie Land, mitsamt den dort lebenden Bauern. Weil das Land den so genannten „Vasallen" zunächst nur auf Lebenszeit geliehen wurde, nannte man diese Ländereien auch „Lehen". Die Fürsten vergaben ihrerseits wieder Teile ihres Landes an Untergebene – oft verdiente Reiterkrieger wie die Ritter.

*Bei Abschluss eines Lehnsvertrags schwor ein Vasall seinem Lehnsherrn Treue.*

*Die „Ständepyramide" im Mittelalter: Adel und Kirche herrschen über die Bauern, die ihnen zu Abgaben verpflichtet sind. Dafür müssen sie den Bauern in Notzeiten Fürsorge und Schutz gewähren.*

## KAISER, KÖNIG, HERZOG

Ursprünglich wurden die germanischen Stämme von Anführern, die dem Heer voranzogen, geführt, den „Herzögen". Wenn sich im Kriegsfall mehrere Stämme zusammenschlossen, wählten sie als Anführer einen „König". Im Mittelalter wurde das Prinzip der Königswahl beibehalten. Die weltlichen und geistlichen Reichsfürsten wählten einen König. Dieser „deutsche König" konnte vom Papst in Rom zum Kaiser des „Heiligen Römischen Reiches" gekrönt werden. Die Zusammensetzung des Wahlgremiums änderte sich immer wieder; seit dem 14. Jahrhundert waren es die sieben „Kurfürsten", die den König „kürten", also bestimmten.

*Geburt eines Kindes in einem vornehmen Stadthaus. Jeder Mensch wurde in einen bestimmten Stand hineingeboren. Sein Lebensweg war damit schon weitgehend festgelegt.*

lehrten des Mittelalters unterschieden drei Stände mit klar umrissenen Aufgaben: Krieger, Beter und Arbeiter.

Die Adeligen, darunter die Ritter, bildeten den ersten Stand. Sie hatten mit der Waffe in der Hand für Sicherheit und Ordnung im Inneren und die Verteidigung des Landes gegen äußere Feinde zu sorgen. Der zweite Stand war der Klerus: die Geistlichen mit dem Papst an der Spitze. Sie sollten durch Gebet, aber auch durch Erziehung für das Seelenheil der Menschen sorgen und sich um die Armen und Bedürftigen kümmern. Den Unterbau der Gesellschaft bildete der dritte Stand, er machte über 90 Prozent der Bevölkerung aus. Ihm gehörten vor allem die Bauern auf dem Land sowie Händler und Handwerker in den Städten an.

Innerhalb der Stände gab es viele Stufen. Es war ein großer Unterschied, ob man König, Herzog oder ein einfacher Ritter auf einer kleinen Burg war, Papst, Erzbischof oder ein armer Dorfpriester. Die Dorfbevölkerung hatte kaum Rechte. Selbst wenn ein Bauer heiraten wollte, musste er die Zustimmung seines Herrn einholen. Die Menschen in der Stadt erkämpften sich mit der Zeit mehr Rechte, aber auch sie lebten in einem starren Korsett von Regeln und Vorschriften. Schließlich gab es noch Gruppen, die am Rande der mittelalterlichen Gesellschaft lebten: Bettler, Fahrende und Menschen anderen Glaubens wie die Juden.

*Vor einer Bestattung mussten oft erst die Knochen des Vorgängers entfernt werden. Die Toten wurden in Tücher eingenäht. Im Grab warteten sie auf ihre Auferstehung.*

**Unter welchen Bedingungen lebten die Menschen?**

Der Alltag der Menschen war hart und mühevoll. Krieg und Krankheit, Not und Tod waren allgegenwärtig. Kaum ein Jahr verging, in dem nicht ein adeliger Herr einen Rechtsstreit mit einem Nachbarn mit der Waffe austrug, also eine so genannte „Fehde" anzettelte, und die jungen Bauern als Kriegsknechte mit sich führte. Hinzu kamen die Kämpfe zwischen Kaisern, Königen und Herzögen um Krone und Ländereien, schließlich die Kreuzzüge ins Heilige Land. Dörfer und Städte waren immer wieder von Plünderungen bedroht.

Noch mehr Opfer als der Krieg forderten Hungersnöte. Die Landwirtschaft war gänzlich vom Wetter abhängig. Blieb im Sommer der Regen aus, verdorrte auf den Feldern das Getreide, bei zu viel Nässe verfaulte es. In langen, harten Wintern starben viele Tiere an Unterernährung und Kälte. Missernten zogen oft Hungersnöte nach sich, und diese wiederum begünstigten die Entstehung von Krankheiten und Seuchen.

Unter so schwierigen Bedingungen wurden die Menschen meist nicht sehr alt. Ein Viertel der Kinder starb vor dem fünften, ein weiteres Viertel vor dem 15. Lebensjahr. Wer diese kritische Zeit überlebte, wurde im Durchschnitt etwa 30 bis 40 Jahre alt. Auf Grund der schlechteren Ernährung waren die Menschen kleiner als heute, Karl der Große mit seinen fast

### DIE KREUZZÜGE

1070 war Jerusalem, die „Heilige Stadt", von den Türken erobert worden. Pilgerreisen der Christen wurden dadurch erschwert. 1085 rief Papst Urban II. alle Christen zur Befreiung des „Heiligen Landes" von den Muslimen auf und versprach den Teilnehmern am Kreuzzug zum Lohn die Vergebung ihrer Sünden. Dies und die Hoffnung, im Heiligen Land zu Reichtum und Ehre zu kommen, lockte viele Ritter an. Anfangs waren die Kreuzfahrer sehr erfolgreich, 1099 wurde Jerusalem erobert und ein Kreuzfahrerstaat gegründet. Dann aber eroberten muslimische Heere das Land Schritt für Schritt zurück.

### DIE WELT ALS SCHEIBE

Die Menschen im Mittelalter wussten sehr wenig über Geographie und Astronomie. Ihr Weltbild war durch die Religion geprägt. Sie stellten sich die Erde als Scheibe vor (Bild links), die auf dem Weltenmeer schwamm. Darüber spannte sich als riesige Kuppel das Himmelszelt, an dem Sonne, Sterne und Planeten hingen. Über allem wohnte Gott. Ein Schiff, das zu weit aufs Meer hinausfuhr, konnte leicht vom Rand der Scheibe abstürzen, daher fürchtete man Seereisen ins Unbekannte. Der Mittelpunkt der Erde war Jerusalem, wo sich die drei damals bekannten Kontinente Afrika, Asien und Europa schnitten und wo Christus gekreuzigt worden war.

## FESTE

So hart das Leben auch war – so sehr verstanden es die Menschen, ausgelassen zu feiern. Im 15. Jahrhundert gab es nach dem kirchlichen Festkalender rund 100 arbeitsfreie Sonn- und Feiertage im Jahr. Alle freuten sich auf die Höhepunkte: die kirchlichen Feiertage wie Ostern, Pfingsten und Weihnachten, die „Kirchweih", das Maifest und das Erntefest und die Festtage, die den immer zahlreicher werdenden Heiligen gewidmet waren. An solchen Festtagen putzten sich Mann und Frau heraus, es wurde getanzt und ausgiebig gegessen, Wein und Bier flossen in Strömen. Auch bei der Geburt eines Kindes, bei Hochzeiten oder Todesfällen luden die Familienangehörigen Nachbarn und Verwandte zu einer Feier ein, und es wurde aufgetischt, „bis sich die Tische bogen".

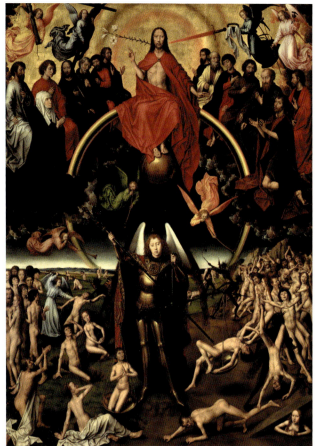

*Die Menschen des Mittelalters lebten in ständiger Erwartung des „Jüngsten Gerichts", bei dem die Toten wiederauferstanden. Christus als Richter entschied, wer in die Hölle und wer ins Paradies kam.*

*Dieser Holzschnitt aus der Mitte des 16. Jahrhunderts zeigt eine Bauernhochzeit, bei der ausgiebig gespeist und getrunken wird.*

zwei Metern bildete eine bestaunte Ausnahme. Männer lebten meist länger als Frauen, denn viele Frauen starben bei der Geburt eines Kindes. Sie brachten durchschnittlich acht bis zehn Kinder zur Welt, von denen aber oft nur zwei oder drei überlebten.

**Woran glaubten die Menschen?**

Im Leben der Menschen spielte die Religion eine große Rolle. Die christliche Kirche war damals sehr mächtig und einflussreich. Wer um sich herum sehr viel Not und Tod erlebt, der braucht einen festen Halt, und für die Menschen des Mittelalters war dies ihr Glaube. In allen Sorgen und Nöten, die die Welt, das „irdische Jammertal", für sie bereithielt, trösteten sie sich damit, dass dieses harte und mühevolle Leben nur eine Vorstufe für das himmlische Paradies sei. Sie glaubten, dass Gott jeden Menschen, ganz gleich, ob Bauer oder Edelmann, auf seinen Platz gestellt habe und wer gottesfürchtig und gesetzestreu lebe, dem schenke er ewiges Leben und Seligkeit. Die Sünder aber erwartete die Hölle mit ihren entsetzlichen Qualen. So wurde das Leben auf der Erde als eine Bewährungsprobe betrachtet: Ob am Ende Paradies oder ewige Verdammnis stand, entschied Gott beim Jüngsten Gericht. Dieser Glaube verband bei allen Unterschieden Arm und Reich.

Die Menschen glaubten an Wunder und beteten inbrünstig darum. Oft wurden dabei auch Schutzheilige angerufen. Viele Leute waren abergläubisch: Naturkatastrophen wie Erdbeben, Vulkanausbrüche oder Heuschreckenplagen wurden oft als schlimme Vorzeichen oder als Strafe Gottes gedeutet. Auch der Glaube, dass man aus den Sternen das eigene Schicksal herauslesen könne, war im Mittelalter weit verbreitet.

9

## ZEITTAFEL

*Normannische Reiter beim Angriff*

### FRÜHMITTELALTER

**476** Ende des weströmischen Reiches.
**482** Unter Führung Chlodwigs aus dem Geschlecht der Merowinger entsteht das Königreich der Franken.
**483-507** Die Franken besiegen die Westgoten und Alemannen, ihr Reich umfasst etwa das Gebiet des heutigen Frankreich und Teile Deutschlands.
**496** Chlodwig tritt zum katholischen Glauben über, das Christentum wird Staatsreligion. Die Kirche stützt das Königreich, das durch Eroberungen immer größer wird.
**687** Die Karolinger werden zur herrschenden Dynastie.
**732** Karl Martell besiegt in der Schlacht von Tours und Poitiers die über Spanien nach Europa eingedrungenen Araber.
**751** Pippin III. wird der erste fränkische König aus der Dynastie der Karolinger. Er lässt sich von der Kirche zum König salben und erhält ihre Unterstützung für sich und seine Nachfolger.
**756** Arabische Eroberer gründen in Spanien das Emirat von Córdoba.
**768** Das fränkische Reich wird von Pippins Söhnen Karl und Karlmann regiert. Nach dem Tod seines Bruders 771 ist Karl Alleinherrscher. Er unterwirft die germanischen Stämme im Norden und Osten und christianisiert sie. Damit erreicht das fränkische Reich seine größte Ausdehnung, Karl erhält den Beinamen „der Große".
**800** Papst Leo III. krönt Karl den Großen in Rom zum Kaiser.
**Um 800** Entwicklung des Lehnswesens und Verbesserungen in der Landwirtschaft, die die Erträge stark wachsen lassen.
**843** Das Reich Karls des Großen wird unter seinen Nachkommen in ein Mittel-, ein West- und ein Ostreich aufgeteilt.
**870** Das Mittelreich mit Lothringen, Burgund, der Provence und Norditalien wird aufgeteilt. Aus dem Westreich entsteht später Frankreich, das Ostreich entwickelt sich zum Heiligen Römischen Reich Deutscher Nation.
**909** Gründung der Benediktinerabtei in Cluny, die im 11. Jh. zum Ausgangspunkt der Klosterreformen wird.
**919** Der Sachse Heinrich I. wird zum König des „regnum Teutonoricum", des „Reichs der Deutschen", gewählt und ist damit der erste deutsche König.

### HOCHMITTELALTER

**962** Sein Sohn Otto I., der 955 die Bedrohung durch die Ungarn erfolgreich abwehren kann, wird vom Papst zum Römischen Kaiser gekrönt. Seitdem ist die Kaiserkrone den deutschen Königen vorbehalten.
**989** Beginn der Bewegung des Gottesfriedens: Die Kirche verbietet für bestimmte Tage die Fehde unter Androhung von Kirchenstrafen, außerdem stellt sie bestimmte Personen und Orte unter ihren Schutz.
**1024** Auf die sächsischen Ottonen folgen die fränkischen Salier als Herrschergeschlecht, die das deutsche Reich nach Westen und Osten erweitern.
**1031** Zerfall des Kalifats von Córdoba, Beginn der „Reconquista", der Rückeroberung Spaniens.
**1066** In der Schlacht bei Hastings besiegt Wilhelm der Eroberer die Angelsachsen und begründet die Herrschaft der aus dem heutigen Frankreich stammenden Normannen über England.
**1075** Ausbruch des „Investiturstreits"

*Aufbruch zum Kreuzzug ins Heilige Land*

zwischen Kaiser und Papst um die Frage, wer Bischöfe und Äbte einsetzen darf. König Heinrich IV. muss
**1077** einen Bußgang nach Canossa antreten, damit der Papst den gegen ihn verhängten Bann aufhebt.
**1096** Beginn der Kreuzzüge mit dem Ziel, Jerusalem und die Heiligen Stätten zurückzugewinnen. Infolge der Kreuzzüge entstehen Ritterorden wie die Johanniter (1113), die Templer (1120) und der Deutsche Orden (1190).
**1098** Gründung des Zisterzienserordens im Reformkloster Cîteaux als Protest gegen die Verweltlichung der Klöster.
**1099** Die Kreuzritter erobern Jerusalem und gründen ein christliches Königreich.

*Karl der Große*

**1119** In Bologna wird die erste europäische Universität gegründet.

**1127** Vor den Toren Würzburgs findet das erste deutsche Ritterturnier statt.

**1138** In Deutschland werden die Staufer das neue Herrschergeschlecht.

**1146** Bernhard von Clairvaux ruft zum zweiten Kreuzzug auf.

**1152** Friedrich I. „Barbarossa" besteigt den Thron und wird

**1155** in Rom zum Kaiser gekrönt.

**1165 bis 1190** In Frankreich schreibt Chrétien de Troyes seine höfischen Romane, die von König Artus und den Rittern der Tafelrunde erzählen.

**1182-1226** Franz von Assisi. Er begründet die Armutsbewegung der Mönche.

**1187** Muslimische Truppen erobern unter Sultan Saladin die Stadt Jerusalem zurück.

**1190** Kaiser Barbarossa ertrinkt im Fluss Saleph.

Um **1200** Niederschrift des mittelhochdeutschen Nibelungenlieds.

**1212** Tausende von Kindern machen sich auf zum Kinderkreuzzug. Die meisten von ihnen kommen um oder enden als Sklaven.

*Die Kreuzritter erobern Jerusalem.*

*Kaiser Friedrich Barbarossa*

**1215** In England muss König Johann I. „Ohneland" den Baronen in der so genannten „Magna Charta" große Eigenständigkeit zugestehen. Die „Magna Charta" gilt als Grundstein der englischen Verfassung, die zum Vorbild für ganz Europa wird.

**1232** Papst Gregor IX. schafft eine eigene Behörde zur Durchführung der Inquisition, der Ketzerverfolgung. Die Leitung übernimmt der Dominikanerorden.

**1241** Mongoleneinfall in Mitteleuropa.

**1254** Nach dem Tod des letzten Stauferkönigs, Konrad IV. (1250-54), beginnt im deutschen Reich die Zeit des Interregnums, die „kaiserlose" Zeit. Bis 1273 kann sich kein neuer Herrscher gegen die mächtigen Herzöge durchsetzen.

Bis **1300** anhaltender wirtschaftlicher Aufschwung und Blütezeit des Handels. Die ersten Messen finden statt, neue Erfindungen wie die Brille, die Räderuhr oder Glasfenster werden gemacht.

## SPÄTMITTELALTER

**1273** Als erster Habsburger wird Rudolf I. König des deutschen Reiches.

**1298** Marco Polo berichtet einem staunenden europäischen Publikum von seiner Reise durch Asien.

**1309** Die Päpste werden immer stärker von Frankreich abhängig und residieren für fast 70 Jahre in Avignon.

Ab **1310** schleichende Veränderung des Klimas: Es wird kälter und es fällt mehr Regen.

**1337/39-1453** „Hundertjähriger Krieg" zwischen Frankreich und England.

Ab **1347** Die Pest wütet in Europa. In Frankreich und England stirbt über die Hälfte der Bevölkerung, in Deutschland etwa ein Drittel.

**1356** Im Reich regelt die „goldene Bulle" die Königswahl. Von nun an wählen drei geistliche und vier weltliche Kurfürsten den deutschen König.

*Gefangennahme des Bauernmädchens Jeanne d'Arc*

**1358** Verschiedene Handelsstädte im Norden schließen sich unter der Führung Lübecks zum Bund der deutschen Hanse zusammen, der vorher bereits als lockerer Zusammenschluss existierte. Ein gesteigerter Warenumsatz und wirtschaftliche Blüte sind die Folgen.

**1409** In Brügge entsteht die erste Börse.

**1419-36** Hussitenkriege in Böhmen.

**1431** Jeanne d'Arc, die das französische Heer im Kampf gegen die Engländer anführt, wird verraten und von den Engländern hingerichtet.

**1453** Die Türken erobern Byzanz. Ende des oströmischen Reiches.

**1455/56** Johannes Gutenberg vollendet seinen ersten Bibeldruck. Er gilt seither als Erfinder des Buchdrucks.

**1487** Portugiesische Seefahrer umrunden das Kap Horn. Der „Hexenhammer", ein Buch über Dämonen und Hexerei, erscheint und leitet systematische Hexenverfolgungen in Mitteleuropa ein.

**1492** In Spanien wird der letzte maurische (muslimische) Staat von Christen zurückerobert. Im gleichen Jahr entdeckt Kolumbus Amerika.

*Die Santa Maria – das Flaggschiff des Kolumbus*

# Leben auf der Burg

Uta erwacht, als das erste Tageslicht durch den Mauerspalt in die Schlafstube dringt. Mit dem Ellbogen weckt sie ihre drei jüngeren Geschwister, die neben ihr im großen Himmelbett schlafen. Wenig später finden sich alle zur Morgenandacht in der Kapelle ein. Die 25 Burgbewohner – neben Utas Familie noch einige Söldner, Mägde und Knechte – erhalten von Pater Aloisius den Tagessegen.

Nach dem gemeinsamen Frühstück in der Wohnstube beginnt das Tagewerk. Während draußen der Vater mit Utas Brüdern den Schwertkampf übt, sitzt Uta sorgenvoll über dem Abgabenbuch. Der Riedbauer hat nicht genug Getreide zur Mühle gebracht und der Bruchtalbauer ist mit den Eiern im Rückstand. Seit dem Tod ihrer Mutter ist Uta mit ihren 13 Jahren die Burgherrin. So überwacht sie auch die Arbeiten auf der Burg: Das Dach des Wachturms muss erneuert, die Regenwasserzisterne repariert werden. Nach der Mittagsandacht sieht sie im Burggarten nach dem Rechten, wo die Mägde gerade die Kirschbäume mit Glöckchen behängen, um die Vögel abzuhalten.

Inzwischen sind im Gewölbe unter der Wohnstube zwei große Holzzuber mit heißem Wasser aufgestellt worden. Heute ist Badetag auf Burg Wolkenstein. Uta und ihre Geschwister streifen die Kleider ab und steigen in einen der Zuber, im anderen sitzen der Burgherr und sein Vogt. Die Bediensteten dürfen das Wasser nach der Herrschaft benutzen.

Als der Abend dämmert, wird in der Wohnstube das Kaminfeuer angezündet. Nach dem Essen holt Uta ihren größten Schatz hervor, ein Buch, das sie von der Mutter geerbt hat: die Sage von Tristan und Isolde. Wie immer liest sie einige Verse vor, bis sie sieht, dass dem Vater die Augen zufallen. Uta sorgt noch dafür, dass überall in der Burg Fackeln und Kerzen gelöscht werden, dann schlüpft sie zu ihren Geschwistern ins Bett.

### ALLTAG AUF DER BURG

Das Leben auf einer Burg war sicher weniger romantisch, als wir es uns heute oft vorstellen. Kühl und zugig muss es hinter den dicken Mauern gewesen sein. Nur wenige Räume waren beheizbar. Noch im 13. Jahrhundert gab es kaum Glasscheiben, die Fenster wurden mit Holzläden oder Tierblasen verschlossen. In Stroh und Spreu, mit dem man oft den Fußboden bedeckte, wimmelte es von Ungeziefer. Nachts waren Gänge und Treppen unbeleuchtet. Mobiliar gab es wenig: Man hatte Tische, Bänke und Truhen und, als einziges bequemes Möbel, das Bett.

*Bauern aus der Umgebung liefern ihre Abgaben auf der Burg ab. Die Burgherrin vermerkt alles in ihrem Abgabenbuch.*

*Nach einer langen Ausbildung als Page und Knappe wurden junge Edelleute zu Rittern. Sie erhielten den kirchlichen Segen und ihr Fürst legte ihnen das Schwert um. Später wurde diese „Schwertleite" durch drei leichte Schläge mit dem Schwert, den so genannten „Ritterschlag", ersetzt.*

**RITTER** waren zunächst nichts anderes als schwer bewaffnete, gut trainierte Reiter (in der Sprache des Mittelalters heißt Ritter auch Reiter). Diese Panzerkrieger stoppten den Vormarsch der Araber und der Ungarn und waren für die europäischen Könige so etwas wie eine „Wunderwaffe", auf die sie nicht mehr verzichten woll-

ten. Weil für solche Kämpfer aber ständiges Üben wichtig war, wurde Ritter ein eigener Beruf. Um ihren Lebensunterhalt bestreiten und die teure Rüstung bezahlen zu können, erhielten die Ritter ein Stück Land als „Lehen". Mit dem Lehen, das an die Kinder vererbt wurde, und der Burg darauf wurden sie ein Stand. Vom 12. Jahrhundert an konnte nur noch derjenige Ritter werden, dessen Vater es bereits gewesen war.

## Warum baute man Burgen?

Im frühen Mittelalter lebten die Menschen in ständiger Furcht vor Angriffen. Sarazenen, Wikinger, Ungarn und slawische Stämme fielen raubend und plündernd in die jungen Reiche ein. Die Könige und ihre Fürsten suchten deshalb nach Möglichkeiten, sich und ihre Untertanen zu schützen.

So ließen sie Burgen errichten, von denen aus sie das Land überwachen konnten und die der Bevölkerung bei Gefahr als Zufluchtsort dienten. Das Vorbild für diese befestigten Bauten war der „burgos" der Römer: ein Wachturm, der mit einer Palisade und einem Wassergraben umgeben war. Burgen wurden an schwer angreifbaren Plätzen wie Hügeln oder Flussschleifen errichtet. Um sie herum entstanden Dörfer. Wenn ein Angriff drohte, gab der Turmwächter den Menschen mit einem Signalhorn oder mit Alarmglocken ein Zeichen, sich mit Tieren und Vorräten hinter die Burgmauern zurückzuziehen.

Die Burgherren waren Ritter – Berufskrieger aus dem Gefolge der Stammesführer, der Herzöge. Später erhielten sie und ihre Kinder das Land als erbliches Lehen, in dem sie auch oberste Richter waren. Ihre Verwalter, die Vögte, zogen Abgaben und Steuern ein.

## Wie sahen die ersten Burgen aus?

Die ersten mittelalterlichen Burgen waren die so genannten „Motten", meist ein zweistöckiger Turm auf einem Hügel mit einer Palisade und einem Graben darum. Hauptbestandteil war Holz, denn eine schwere Steinkonstruktion trugen die oft künstlich aufgeschütteten Erdhügel nicht. Später bevorzugten die Ritter steinerne Mauern: Sie machten die Burg schwerer angreifbar, erforderten aber einen stabilen Untergrund und gute Fundamente. Die meisten der etwa 15 000 Burgen in Europa waren klein und beengt und bestanden aus nicht viel mehr als einem großen Wohn- und Wehrturm. Für die übrigen Befestigungen galt: Je größer Rang, Ansehen und Reichtum eines Adeligen waren, desto größer war seine Burg, die auch ein Symbol seiner Macht darstellte.

*Die Motte, ein hölzerner Turm mit Palisade, war die Vorform der Ritterburg.*

**Welche Gebäude gehörten zu einer Burg?**

Vor allem in Deutschland begann man im Hochmittelalter, in den größeren Festungen Turm und Wohngebäude voneinander zu trennen. Das Wohngebäude der Burg war der mehrstöckige Palas. Im obersten Geschoss lagen die Wohnräume für die Familie des Burgherrn. Im ersten Stock befand sich meist ein großer Saal. Dort wurden die täglichen Mahlzeiten eingenommen, aber auch Feste, Zeremonien und Gerichtstage abgehalten. Darunter gab es

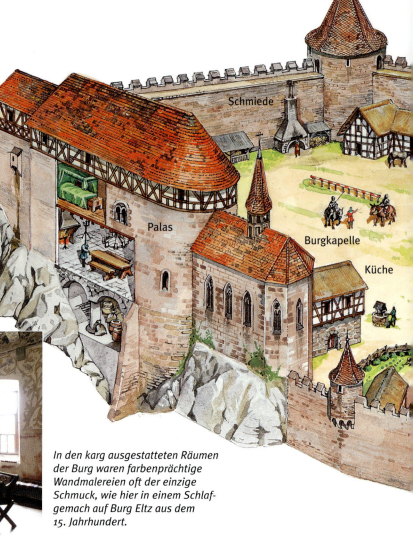

*In den karg ausgestatteten Räumen der Burg waren farbenprächtige Wandmalereien oft der einzige Schmuck, wie hier in einem Schlafgemach auf Burg Eltz aus dem 15. Jahrhundert.*

noch mehrere Nutzräume und ganz unten befand sich der Vorrats- und Weinkeller. Im Palas lag meist auch die Burgkapelle, nur in größeren Burgen war sie in einem Extragebäude untergebracht.

Die Pferdeställe, die Schmiede und die Backstube sowie die Gesindehäuser, in denen die Waffenknechte und Handwerker, Diener und Mägde wohnten, reihten sich entlang der Mauer aneinander. Auch die Küche war wegen der Feuergefahr meist außerhalb des Palas im Burghof untergebracht. Innerhalb der Ringmauer gab es außerdem einen Gemüse- und Kräutergarten, manchmal auch Hühner- und Schweineställe sowie einen Brun-

## DER BAU EINER BURG

Der Burgenbau war eine langwierige Angelegenheit. Hatte der Bauherr, ein Ritter oder hoher Adeliger, einen geeigneten Platz gefunden, ließ er einen erfahrenen Baumeister kommen und besprach mit ihm, wie die Burg aussehen sollte. Ein detaillierter Plan, wie wir ihn heute kennen, wurde nicht angefertigt; der Baumeister verließ sich auf seine Erfahrung und die der Handwerker – Steinmetze, Maurer und Zimmerleute –, die mit den Bauarbeiten beauftragt waren. Für einfache Arbeiten wie Bäumefällen oder Steinebrechen wurden die Bauern der Gegend herangezogen, die so ihren Frondienst ableisteten.

Bergfried

Fallgitter mit Zugbrücke

*Eine Burg war wie eine kleine Stadt, in die sich die Menschen der Umgebung mit Sack und Pack zurückziehen konnten. Nicht nur Ringmauern und starke Befestigungen waren dabei wichtig, sondern auch Vorräte, so dass man in der Burg Wochen, ja Monate überleben konnte.*

nen. Das Burgtor war durch ein Fallgitter und eine Zugbrücke besonders stark geschützt. Die Burg überragte ein großer Wachturm, der Bergfried, von dem aus die Umgebung überwacht werden konnte. Er diente den Burgbewohnern auch als letzter Rückzugsort bei Angriffen und war nur über eine Leiter zu betreten, die bei Bedarf schnell entfernt werden konnte. In seiner Tiefe befand sich oft das Verlies.

*Die Kunst des Lesens und Schreibens war im Mittelalter den höheren Ständen vorbehalten. Nur etwa 5 Prozent der Bevölkerung konnten lesen, noch weniger schreiben. Auf der Burg waren die Frauen darin oft besser ausgebildet als die Männer.*

### Wer lebte auf der Burg?

Auf einer mittelgroßen Burg lebten etwa 60 bis 80 Menschen: neben der Familie des Burgherrn vor allem Knechte und Mägde sowie Söldner zum Schutz der Burg. Der Burgherr kümmerte sich um die Verwaltung der Ländereien, sorgte für die Waffenausbildung seiner Männer und sprach bei Streitigkeiten unter den Bauern Recht. Die Burgherrin war in erster Linie für die Hauswirtschaft verantwortlich. Doch wenn ihr Mann in den Krieg zog, was oft genug vorkam, oblag ihr die gesamte Verwaltung. Sie überwachte die Arbeit der Knechte und Mägde und kümmerte sich um die Vorräte. Edelfrauen konnten oft besser schreiben, lesen und rechnen als ihre Männer. Sie waren es, die Bücher lasen und vorlasen oder Musikinstrumente wie Harfe oder Laute spielten. Ihre wichtigste Aufgabe war jedoch, für viele Kinder und damit Erben zu sorgen – über zehn Geburten waren keine Seltenheit. Die Mädchen wurden oft schon im Kindesalter dem männlichen Erben einer befreundeten Familie versprochen. Liebesheiraten waren damals höchst selten.

### Wie feierte der Adel seine Feste?

Die Burgherren nahmen wie ihre Untertanen jede Gelegenheit wahr, durch Feste ein wenig Abwechslung in den Alltag zu bringen. An hohen kirchlichen Feiertagen, zu Frühlingsanfang oder nach dem Einbringen der Ernte luden sie ihre Untergebenen und Nachbarn ein. Bei Hochzeiten oder Taufen, wenn ein Knappe zum Ritter geschlagen wurde oder ein Sohn vom Kreuzzug zurückkehrte, dauerten die Festlichkeiten oft sogar mehrere Tage. Gäste aus nah und fern wurden bewirtet. Unter die Festgesellschaft mischten sich auch Sänger, Gaukler und Bettler.

Nach einem feierlichen Gottesdienst, an dem alle Gäste teilnahmen, wurde zur Jagd geblasen oder, auf großen Burgen, ein Turnier veranstaltet. Am Abend gab es dann im großen Saal der Burg ein Festessen, bei dem fahrende Künstler Lieder vortrugen und Akrobaten ihre Kunststücke zeigten.

**Welche Arten von Turnieren gab es?**

Turniere waren der Höhepunkt eines Festes. Das größte Spektakel war der „Buhurt". Dabei kämpften zwei Ritterhaufen auf einem abgesteckten Feld – so groß wie heute ein Fußballplatz – mit stumpfen Waffen gegeneinander. Wer vom Pferd fiel oder seine Waffen verlor, schied aus und musste manchmal sogar ein Lösegeld an die Sieger zahlen.

Eine andere Form des Turniers war der „Tjost": ein Zweikampf, in dem die Kämpfer aufeinander zugaloppierten und mit langen Lanzen versuchten, sich gegenseitig aus dem Sattel zu heben. Oft wurde der Kampf auch noch zu Fuß mit dem Schwert fortgesetzt.

Später wurde eine Mischung aus diesen beiden Wettkämpfen immer beliebter. Im so genannten „Turnei" kämpften zwei kleine Rittergruppen mit stumpfen, an der Spitze gepolsterten Lanzen gegeneinander. Sieger war die Partei, der es gelang, im Kampf Mann gegen Mann die meisten Gegner aus dem Sattel zu stoßen.

Turniere waren ein durchaus lebensgefährlicher „Sport": Immer

*Oben: Heute sind Ritterspiele eine beliebte Attraktion bei Burgfestspielen und auf Mittelaltermärkten. Mitte: Zeitgenössische Darstellung eines Tjosts. Schwere Verletzungen waren bei diesem Zweikampf keine Seltenheit.*

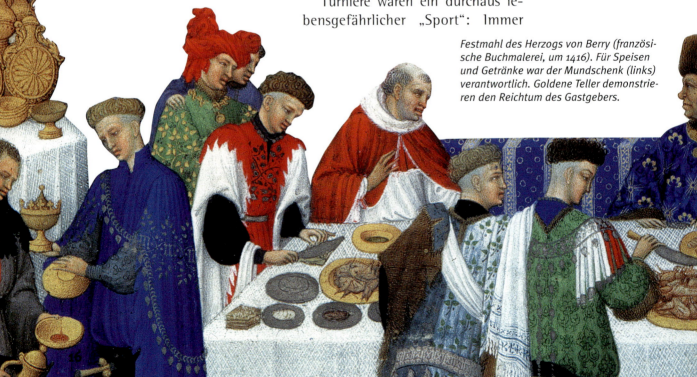

*Festmahl des Herzogs von Berry (französische Buchmalerei, um 1416). Für Speisen und Getränke war der Mundschenk (links) verantwortlich. Goldene Teller demonstrieren den Reichtum des Gastgebers.*

**FALKENJAGD**

Aus dem Morgenland kam die Falkenjagd nach Europa. Die Vögel wurden dazu abgerichtet, im schnellen Flug andere Vögel oder auch kleineres Wild, wie

etwa Kaninchen, zu schlagen und herbeizubringen. Bestimmte Greifvögel waren den hohen Herren vorbehalten. So durften nur Kaiser und Könige einen Adler für die Jagd benutzen, während einfache Adelige mit Wanderfalken, Edelfrauen mit einem Habicht jagten.

wieder kamen Ritter dabei ums Leben. Trotz des Verbots der Kirche kam es auch immer wieder zu Kämpfen mit scharfen Waffen. Solche oftmals tödlichen Auseinandersetzungen wurden allerdings meistens von Berufsduellanten ausgefochten, und nicht von gewöhnlichen Rittern.

**Wie verlief eine Jagd?**

Die Jagd auf das Großwild, zu dem Bären, Hirsche, Rehe und Wildschweine zählten, war den adeligen Herren vorbehalten. Die häufigste Form war die Treibjagd. Dabei scheuchten Knechte und Bauern die Tiere mit Hilfe einer Hundemeute auf und trieben sie den Jägern zu. Der Jagdherr und seine Gäste erlegten ihre Beute mit Speeren oder mit Pfeil und Bogen. Am beliebtesten und am gefährlichsten war die Jagd auf Bären und Keiler, die als äußerst wehrhaft galten.

Wurden im Winter Wölfe in der Nähe der Dörfer gesichtet, rief der Burgherr Knechte, Jagdgehilfen und Bauern zur Treibjagd zusammen, um Menschen und Tiere vor den gefährlichen Rudeln zu schützen.

**Wie wurden die Speisen zubereitet?**

Getreidebrei oder Brot, das in eine Mischung aus Wasser, Wein und Honig getunkt wurde – so sah oft das Frühstück der Burgbewohner aus. Zum Abendessen gab es vielleicht Bohnen mit Speck, Erbsbrei oder auch einmal einen Spießbraten. Die Speisen wurden in der Burgküche zubereitet. Fleisch briet man entweder am Spieß über dem Feuer oder kochte es in einem Kessel. Oft stammte es von älteren Tieren und war so zäh, dass es erst gekocht und dann gebraten werden musste, bis es weich wurde. Diese mühevolle Zubereitung hatte auch mit dem schlechten Zustand der Zähne zu tun: Richtig zubeißen konnten viele Ritter oft nicht mehr.

Als Würze dienten Kräuter aus dem Burggarten: Minze, Petersilie, Raute, Salbei, Kerbel, Dill, Meerrettich, Zwiebel, Kümmel oder Liebstöckel. Bei Festmahlen kamen auch ausländische Gewürze wie Pfeffer, Zimt, Ingwer, Gewürznelken, Safran

*Die Jagd war der beliebteste Zeitvertreib der Adeligen.*

oder Muskatnuss in großen Mengen zum Einsatz. Sie waren sehr teuer und ihr verschwenderischer Gebrauch diente vor allem dazu, den Reichtum des Gastgebers zu demonstrieren.

Nur Ehrengäste hatten eine eigene Essschüssel. Die gewöhnlichen Gäste teilten sich Schüsseln und Trinkgefäß mit ihrem Nachbarn. In die Teller oder Tischmulden wurden als Unterlage dicke Brotscheiben gelegt, die die verschiedenen kräftigen Soßen aufsogen. Die Brotreste wurden dann nach dem Festmahl an die Armen und die Bettler verteilt.

17

# FREIZEIT UND MODE

*Musikanten mit Orgel und Glockenspiel*

fen. Besonders aufwändig waren die Festgewänder, wie sie die Adeligen auf dem Bild links tragen: Sie waren mit Gold- und Silberfäden durchwirkt und mit Juwelen geschmückt.
Im Gegensatz zu den robusten Alltagsschuhen trugen die Adeligen auf Festen hochmodische, leichte Schuhe, die im Laufe der Zeit immer ausgefallener wurden. Zunächst waren sie oft mit Tuch oder Seide überzogen und mit bunten Perlen bestickt, später wurden sie immer spitzer. Für die Länge dieser so genannten „Schnabelschuhe" gab es genaue Vorschriften: Je länger der Schuh, desto vornehmer sein Besitzer ...

### KLEIDUNG

In der mittelalterlichen Gesellschaft musste die Zugehörigkeit zu einem bestimmten Stand auch an der Kleidung zu erkennen sein. Die Leute durften nicht einfach tragen, was sie wollten – Stoffe und Farben der Gewänder, ja sogar die Form des Hutes oder der Schuhe waren in strengen Kleiderordnungen festgelegt.

Im Alltag musste die Kleidung der einfachen Leute vor allem vor Wind und Wetter schützen. Sie trugen einen Leibrock – eine Art Unterhemd, das bei den Männern bis zu den Knien, bei den Frauen bis zu den Unterschenkeln reichte – und darüber ein Obergewand aus Leinen, im Winter aus Leder. Hinzu kamen Strümpfe und bei den Männern wollene Hosenbeine. Wenn es kalt war, trug man auch einen Überwurf, der mit einer Schnalle vor der Brust zusammengehalten wurde. Die Schuhe waren aus Holz oder grobem Leder, viele Leute gingen im Sommer auch barfuß.

Die Kleider des Adels waren teurer und prunkvoller. Die Obergewänder waren aus bunten, kostspieligen Stoffen, an den Schultern gab es Schlitze mit Bändern, Pelzbesatz und silbernen Knöp-

### MUSIK

Im frühen Mittelalter hörten die Menschen hauptsächlich in der Kirche Musik, denn Chorgesänge waren ein fester Bestandteil des Gottesdienstes. Weil die oft mehrstimmigen lateinischen Choräle für die einfachen Gottesdienstbesucher zu kompliziert waren, wurden sie von Mönchen vorgetragen. Doch auch diese geübten Sänger behalfen sich mit Zeichen, die das Tempo und die Tonhöhe angaben.

Im 11. Jahrhundert wurde daraus der Anfang unseres Notensystems. Mit dem Aufkommen der großen Dome und Kathedralen im Hochmittelalter entstanden zur Ehre Gottes auch reine Instrumentalstücke. Wenn die Klänge einer Orgel oder eines Chorals von oben, vom Chor aus, das Kirchenschiff überfluteten, waren die Menschen tief beeindruckt.

### MINNE

Seit etwa 1100 entstand in Frankreich die Kunst, Liebesgedichte zu vertonen und an den Fürstenhöfen vorzutragen. In den Liedern der „Troubadoure", die oft Dichter, Sänger und Ritter zugleich waren, ging es zumeist um die Verehrung einer für den Sänger unerreichbaren Frau. Diese geistige Liebe, die kaum etwas mit körperlicher Liebe zu tun hatte, hieß in Deutsch-

*Verheiratete Frauen mussten in der Öffentlichkeit eine Kopfbedeckung tragen. Bei den adeligen Damen waren dies zum Beispiel Spitzhüte mit langen Schleiern, bunte, von Stirnreifen gehaltene Tücher oder breite perlenbestickte Hauben.*

land „Minne". Auch hier entstanden nach französischem Vorbild kunstvolle Lieder, die von meist adeligen „Minnesängern" gedichtet und komponiert wurden.

**MUSIKINSTRUMENTE** Zur Begleitung von Liedern und Tänzen dienten zahlreiche Instrumente. Die wichtigsten Saiteninstrumente waren die Harfe, die Leier und die Laute sowie das Psalterium, ein Vorläufer unseres Hackbretts. Mit dem Bogen strich man Viola und Fidel. Eine bahnbrechende Erfindung waren Saiteninstrumente mit Tasten: Mit dem Clavichord entstand im 14. Jahrhundert der Vorläufer von Klavier und Cembalo. Bei den Blasinstrumenten gab es neben Flöten aller Art die Schalmei, aus der unsere Klarinette hervorging, und die Sackpfeife, den Vorläufer des Dudelsacks. Schalmeien kamen aus dem Orient, ebenso wie die für Adel und Geistlichkeit wichtigsten Instrumente: Posaunen und Trompeten sowie die mächtige Orgel. Mit Schlaginstrumenten wie Tamburinen und Zimbeln gab man bei Tänzen den Takt an.

**ERZÄHLER UND SCHAUSPIELER** Da es im Mittelalter weder Zeitung noch Radio und Fernsehen gab, waren die Menschen auf mündliche Erzähler angewiesen. Fahrende Sänger, die von Dorf zu Dorf zogen, brachten ihnen die Neuigkeiten aus der weiten Welt. In oft recht derben Liedern besangen sie die Taten der Könige und Fürsten, aber auch deren Fehltritte. Kinder und Erwachsene ließen sich auch von Märchen, in denen Riesen und andere Fabelwesen eine Rolle spielten, gerne verzaubern. Solche Erzählungen wurden von Gauklertruppen auf den Marktplätzen oder auf einer Burg gespielt. Eine ernste Form des Schauspiels waren die so genannten „Mysterienspiele", in denen die Leidensgeschichte Jesu oder das Leben der Heiligen dargestellt wurde.

*Sonntagnachmittag in der Stadt: Endlich ist Zeit für Tratsch, Klatsch und Spiel.*

**SPIELE** Weil die Kinder bis zum siebten Lebensjahr nicht regelmäßig im Haushalt eingespannt waren, blieb ihnen genug Zeit, draußen umherzustreifen. Viele Spiele waren dieselben wie heute: Rätsel- und Singspiele, Fangen, Verstecken, miteinander Raufen. Beliebt waren auch Spiele mit Murmeln oder dem Drehkreisel. Ältere Kinder und Erwachsene hatten wenig Zeit zum Spielen, da gearbeitet wurde, solange es hell war. Am Abend war vielleicht Zeit für ein Brettspiel wie „Puff", eine Art Halma. Auch Denkspiele wie Dame, Mühle und Schach waren bekannt. Besonderer Beliebtheit erfreuten sich alle Arten von Würfelspielen, bei denen auch um Geld gespielt wurde.

An Sonn- und Feiertagen kamen Spiele im Freien hinzu. Manche ähnelten dem heutigen Kegeln oder dem Boule-Spiel. Mönche entwickelten eine Vorform des Tennis, die mit Schlagstöcken und einem Lederball in eigenen „Ballhäusern" gespielt wurde. Bei Vorformen von Fußball und Hockey diente eine mit Stroh oder Sand gefüllte Schweinsblase als Ball.

*Aus dem Orient kam das Schachspiel, das bei Adeligen sehr beliebt war.*

# KAMPF UM DIE BURG

*Zeitgenössische Darstellung einer Belagerung (um 1250)*

**KRIEGE UND FEHDEN**

Bewaffneter Kampf war im Mittelalter allgegenwärtig: Könige und Kaiser riefen ihre Vasallen zu den Waffen, um einen aufsässigen Herzog in die Schranken zu weisen oder um auf einen Eroberungszug auszuziehen. Hinzu kamen die zahlreichen Fehden zwischen verfeindeten Burgnachbarn.

Die Leidtragenden dieser Kriege waren vor allem die abhängigen Bauern, Knechte und Bediensteten, die die große Masse der Kämpfenden bildeten. Schlecht bewaffnet und gerüstet ließen viele auf dem Schlachtfeld ihr Leben. Die Ritter, die den Kern der Heere bildeten, waren in ihren schweren Rüstungen vor tödlichen Verletzungen meist gut geschützt. Überdies war es für den Gegner einträglicher, einen Adeligen nur gefangen zu nehmen und nicht zu töten, denn er konnte dann ein hohes Lösegeld verlangen.

Mit Unterstützung der Fürsten versuchte die Kirche vom 10. Jahrhundert an, dem um sich greifenden Fehdewesen Einhalt zu gebieten. So herrschte in Teilen Europas von Mittwochabend bis Montagmorgen ein so genannter „Gottesfrieden". Auch im Winter wurde der schlechten Witterung wegen nicht gekämpft. Fürsten und Bischöfe versuchten dann mittels Boten, zwischen den verfeindeten Rittern Frieden zu stiften.

**BELAGERUNG**

Ziel einer Fehde war die Einnahme der gegnerischen Burg. Manchmal gelang dies mit Hilfe einer List: Man bestach die Wachen, oder Gefolgsleute der Angreifer schlichen sich als Gäste ein und öffneten in der Nacht das Tor. Oft begann jedoch eine langwierige Belagerung. Zunächst musste der Graben rund um die Burg aufgefüllt werden, damit Rammbock und Belagerungsturm ans Tor bzw. an die Mauer geschoben werden konnten. Mitunter grub man auch einen unterirdischen Stollen an die Burg heran, um die Mauer zum Einsturz zu bringen. Mit großen Steinschleudern, den Katapulten, versuchten die Belagerer, Breschen in die Befestigungen zu schlagen. Die Burgbewohner wiederum schleuderten von oben Steine, kochendes Wasser, Öl und Pech, ja sogar Bienenkörbe auf die Angreifer – vor allem dann, wenn diese mit Belagerungstürmen und Leitern zum Sturm auf die Burg ansetzten.

In der Regel kam es aber gar nicht zum verlustreichen Entscheidungskampf. Wenn die Nahrungsmittel in der Burg knapp wurden und der Hunger zu groß war, begannen die Übergabeverhandlungen. Der Sieger verlangte in der Regel keine bedingungslose Kapitulation, sondern ließ dem Besiegten seine Ehre und einen Teil des Besitzes. Wenn eine Burg der Belagerung lange Widerstand leistete, zogen sich die Angreifer meist zurück, spätestens vor Wintereinbruch, weil dann Schnee und Kälte mehr Opfer forderten als jeder Sturmangriff.

**WAFFEN**

Die Ritter waren mit Schwert, Schild und Lanze ausgerüstet und trugen einen Dolch im Gürtel. Später kamen auch Streitkolben und Morgenstern, eine mit Stacheln versehene Keule, in Gebrauch.

Tribok

*Sturm auf die Burg! Der Rammbock rückt gegen das Burgtor vor und die Sturmleitern sind angelegt.*

20

Die Fußsoldaten kämpften mit Knüppeln, Messern oder Lanzen und dem Vorläufer der Hellebarde: einer an einer langen Stange befestigten Axt. Schließlich kam im 14. Jahrhundert noch mit Spießen bewaffnetes Fußvolk hinzu, das mit seinen langen, schweren „Piken" herandonnernde Ritter aus dem Sattel hob.

Spezialisten waren die Langbogenschützen, die mehr als zehn Pfeile in der Minute gut 90 Meter weit schießen konnten. Später kam die Armbrust hinzu, eine äußerst gefährliche Waffe mit hoher Durchschlagskraft. Zwar brauchte man erheblich länger, um sie zu spannen, doch ihre Bolzen durchschlugen auf kurze Entfernung selbst eine Ritterrüstung.

## KRIEGSMASCHINEN

Aus der Antike bekannt war der Rammbock, mit dessen Metallspitze man Burgtore und schwächere Mauern zu durchbrechen suchte. Daneben gab es Katapulte wie den Tribok, mit denen man Steine und Feuertöpfe in die Burg schleuderte, aber auch Tierkadaver, um den Gegner zu zermürben. Für den Endkampf um die Burg rollte man Belagerungstürme heran, von denen aus zuerst die Verteidiger auf der Mauer mit Pfeilen beschossen wurden. Dann ließ man eine Art Fallgitter auf die Mauer herab und stürmte mit bewaffneten Fußkriegern darüber.

## ERSTE FEUERWAFFEN

Im 13. Jahrhundert kam aus China das Geheimnis der Schießpulverherstellung nach Europa. Nun waren ganz neue Waffen möglich. 1326 wurden in Florenz die ersten Metallgeschütze hergestellt, im gleichen Jahr kamen aus England Nachrichten von einer „Büchse", einer Handfeuerwaffe. Bis sich diese Waffen im Gefecht wirklich durchsetzten, sollte es zwar noch ein gutes Jahrhundert dauern. Doch das Ende der Ritterzeit war mit ihnen eingeläutet: Gegenüber der hohen Durchschlagskraft der neuen Waffen verloren die gepanzerten Krieger ihre Wirksamkeit.

## RÜSTUNGEN

Die Rüstungen der Ritter wurden mit der Zeit immer aufwändiger. Zunächst trugen sie nur einen Helm und ein festes, manchmal mit eisernen Plättchen besetztes Lederwams. Vom 12. Jahrhundert an trug man ein Kettenhemd über dem Waffenrock (das abgebildete stammt aus dem 14. Jh.). Ein Jahrhundert später kamen Eisenplatten hinzu, die Brust, Knie, Hüften und Arme schützten. Schließlich wuchsen die Teile zu einem kompakten Plattenpanzer zusammen. Damit war der Ritter zwar hervorragend gerüstet, aber auch sehr unbeweglich. Die einfachen Fußsoldaten trugen zu ihrem Schutz meist nur ein wattiertes Wams.

*Diese Miniatur aus dem Jahr 1405 zeigt das Abfeuern einer Stangenbüchse.*

# Leben auf dem Land

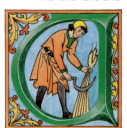

Als die Glocke vom nahen Kloster schlägt, fährt die elfjährige Käthi auf. Sie schüttelt das Stroh vom Unterkleid und streift sich rasch ihr Gewand über. Im Morgengrauen eilt sie mit der Mutter und den Geschwistern zur Dorfkirche, wo ein verschlafener Pater Gabriel in unverständlichen lateinischen Worten ein Gebet murmelt und den Segen spricht.

Wenig später, als die ersten Sonnenstrahlen durch das Fenster der Wohnstube fallen, löffeln alle kalten Getreidebrei aus ihren Essschüsseln. Die jüngeren Geschwister und die Mutter beginnen dann im Gemüsegarten vor dem Haus zu arbeiten. Käthi dagegen muss zur Arbeit aufs Feld; jetzt im Mai ist Unkrautjäten angesagt. An der Gemeindewiese vorbei geht sie zum Dorfrand, wo die Äcker beginnen. Nachts hat es geregnet und die Erde unter ihren bloßen Füßen ist noch ganz weich.

Mit einem spitzen Stück Holz lockert Käthi den Boden und zieht das keimende Unkraut heraus. Das ist nicht so anstrengend wie die Arbeit im März, wenn sie dem Pflug

1) In der Dorfmitte lagen die Kirche und der Friedhof. Der Dorfplatz mit dem Brunnen diente als Ort für Versammlungen und Feste. Dort befanden sich meist auch die Schenke und die Schmiede. In vielen Dörfern stand hier auch das Backhaus.

2) Die Wände der Bauernhäuser bestanden aus Holzpfosten, die mit Zweigen und Ästen verbunden und mit einem Gemisch aus Stroh, Lehm und Kieseln abgedichtet wurden. Die Dächer wurden anfangs mit Stroh oder Riet, später mit Ziegeln aus Schiefer oder Ton gedeckt.

3) Der Sitz des Grundherrn – hier ein Kloster –, zu dessen Besitz das Dorf gehörte, befand sich oft in unmittelbarer Nähe. Unter der Herrschaft eines Klosters gehörten oft auch Obstgärten und Weinberge zum Dorf. Fische züchtete man in eigens angelegten Teichen.

4) Zu jedem Dorf gehörte auch die so genannte Allmende – meist Weideflächen, Wald und Brachland –, die von allen Dorfbewohnern gemeinsam genutzt wurde. Das Vieh weidete dort unter Aufsicht.

5) Im Garten bauten die Bauern vor allem Gemüse an, darunter Kohl, Möhren, Gurken und Zwiebeln. Außerdem gab es Kräuterbeete und Obstbäume.

des Vaters folgt und mit der Hacke dort, wo die Furche nicht tief genug ist, den Acker nachbearbeitet.

Nach dem Mittagsgebet gibt ihr die Mutter drei gerupfte Hühner und zwei Dutzend Eier, Abgaben für das Kloster. Käthi steigt den Hügel hinauf und liefert alles bei Bruder Severin ab. Dieser schickt sie dann zum Kräutergarten, um Steine aus den Beeten zu klauben. Dreimal in der Woche leistet das Mädchen hier seinen Frondienst ab, der aber viel interessanter ist als die Arbeit im Dorf. Käthi lernt dabei neue Kräuter kennen und die Mönche erklären ihr,

gegen welche Krankheiten und Gebrechen sie helfen.

Die Abendmesse hört sie wie alle Dorfbewohner in der Klosterkirche, dann hilft sie der Mutter bei der Zubereitung des Abendessens: Eintopf aus Erbsen, Speck und Rüben. Im letzten Tageslicht beginnt Käthi noch, den Überrock des Vaters zu flicken, während die Mutter mit der Spindel Wolle zu Garn spinnt. Doch als sie die Hand schon nicht mehr vor Augen sehen kann, streut sie etwas frisches Stroh auf ihre Schlafecke und schläft dann todmüde ein.

*Im Herbst und Winter wurde geschlachtet, so sparte man in der kalten Jahreszeit das Viehfutter. Das Fleisch wurde gepökelt oder zu Wurst verarbeitet.*

*Säen*

*Heumahd*

*Dreschen des Korns*

**Unter welchen Bedingungen lebten die Bauern?**

Die meisten Menschen lebten auf dem Land. Neun von zehn Menschen arbeiteten in der Landwirtschaft. Seit dem Hochmittelalter besaßen die meisten Bauern kein eigenes Land mehr. Sie waren Pächter: Das Land, das sie bewirtschafteten, gehörte ihnen nicht selbst, sondern war Eigentum eines Grundherrn, dem sie dafür Abgaben und Dienste leisten mussten. Die Bauern waren weitgehend der Willkür ihres Herrn ausgeliefert; sie waren seine „Leibeigenen". Der Grundherr legte nicht nur die Abgaben und Steuern fest, er musste auch vor jeder Heirat um Erlaubnis gefragt werden. Ohne seine Zustimmung konnte niemand auch nur ins nächste Dorf oder gar in die Stadt ziehen. Auch die wenigen freien Bauern, denen ihr Land noch gehörte, waren gezwungen, die Einrichtungen des Grundherrn, etwa seine Mühlen, zu benutzen.

Die landwirtschaftlichen Erträge waren gering: Wenn ein Bauer fünf Säcke Korn säte, erntete er im Schnitt, also schlechte Jahre eingerechnet, sechs oder sieben Säcke. Von diesem geringen Überschuss musste nicht nur seine eigene Familie, sondern auch der Rest der Gesellschaft – Adelige, Klosterbewohner und eine wachsende Stadtbevölkerung – ernährt werden.

**Wie sah das Leben auf dem Dorf aus?**

Ackerbau und Viehzucht bildeten die Lebensgrundlage der Bauern. Der feste Rhythmus der bäuerlichen Arbeiten – das Pflügen und Säen, Heumahd und Getreideernte, das Dreschen des Korns und das Schlachten zu Winterbeginn – bestimmte den Jahreslauf.

Im frühen Mittelalter herrschte zunächst die so genannte Zwei-

*Während der Bauer die schwere Feldarbeit verrichtete, war die Bäuerin für die Hauswirtschaft zuständig. Sie spann Wolle zu Garn, sie nähte und versorgte den Haushalt und die Tiere. Im Sommer half sie dem Bauern bei der Ernte.*

### UNFREIE BAUERN

Am Ende der Völkerwanderungszeit gab es noch viele freie Bauern mit eigenem Land. Bei Feldzügen waren sie zum Kriegsdienst verpflichtet. Dies wurde allmählich zu einer großen Belastung für sie. Herrscher wie Karl der Große führten viele Kriege, die Ausrüstung war teuer und die Felder lagen oft brach. So unterstellten sich immer mehr Bauern einem Grundherrn. Dieser übernahm für sie die Wehrpflicht und versprach, in Notzeiten Schutz und Unterstützung zu gewähren. Dafür verpflichteten sich die Bauern, ihm einen Anteil an der Ernte zu überlassen und für ihn Arbeiten, so genannte Frondienste (von fron = Herr), zu verrichten.

**DIE ABGABEN,** die ein Bauer an seinen Grundherrn entrichten musste, waren schriftlich genau festgelegt. Ein Beispiel aus dem 10. Jahrhundert: Ein unfreier Bauer hatte dem Kloster St. Germain bei Paris jährlich 50 Hühner, 160 Eier, 2 Hammel oder 30 Schweine, 300 Bretter oder 600 Dachschindeln sowie zwei Karren Holz zu liefern. Außerdem musste er eine Reihe von Arbeiten verrichten: im Herbst und Frühjahr die Felder pflügen, Mist auf die Äcker fahren, Zäune anlegen ... In späterer Zeit kamen für die Bauern noch weitere Abgaben hinzu, so der Mahl-, Back- und Brauzins oder Sondersteuern wie der Kirchenpfennig, wenn in der Stadt eine neue Kathedrale gebaut wurde. Alles zusammen machte etwa ein Drittel der jährlichen Erträge aus. Im Spätmittelalter wurden die Abgaben vermehrt in Geld geleistet.

felderwirtschaft vor: In einem Jahr baute man Getreide an, im zweiten Jahr ließ man das Feld brachliegen, damit sich der Boden erholen konnte. Im Hochmittelalter setzte sich die wesentlich ertragreichere Dreifelderwirtschaft durch. Dazu wurde das Land in drei Teile geteilt: Auf einem Feld pflanzte man Winter-, auf einem zweiten Sommergetreide an, das dritte Feld lag brach. Im nächsten Jahr wurde gewechselt, so dass jedes Feld einmal als Winterfeld, einmal als Sommerfeld und einmal als Brachland genutzt wurde. Angebaut wurden vor allem Gerste, Roggen, Dinkel, Hafer und Weizen. Als Zugtiere setzten die Bauern meist Ochsen ein, für leichtere Lasten hatte man Esel.

Der Wald lieferte Holz und war eine wichtige Nahrungsquelle. Neben Beeren sammelten die älteren Kinder dort wilden Honig, Pilze, Nüsse, Maronen und Eicheln. Die Bauern fingen Hasen und Vögel. Oft trieb man auch die Tiere zum Weiden in den Wald, wo sie Blätter, junge Triebe und Früchte fraßen. Die Schweine ließ man sich im Herbst an Eicheln mästen. Schweine waren die Hauptlieferanten von Fleisch, während man Ziegen und Kühe vor allem wegen der Milch hielt, die zu Butter und Käse verarbeitet wurde. Aus der Tierhaut stellte man Leder her.

*Im Juni wurden die Schafe geschoren. Aus ihrer Wolle stellten die Bauersfrauen Kleidung her.*

## ERFINDUNGEN

Viele Erfindungen verbesserten im Laufe des Mittelalters die landwirtschaftliche Produktion. Für die Zugtiere wurde im 9. Jahrhundert das Stirnjoch oder **Kummetgeschirr** eingeführt, das die Tiere beim Atmen nicht behinderte und die Zugleistung erhöhte. Im 11. Jahrhundert ersetzte der **Scharpflug** den einfachen Hakenpflug: Das eiserne Pflugmesser riss den Boden tiefer auf, die Pflugschar zerkleinerte die Schollen und das Streichblech wendete das Erdreich. Räder machten den Pflug beweglicher. Ebenfalls im 11. Jahrhundert entdeckte man das von Wasser angetriebene **Mühlrad** als Antriebskraft. Ein Jahrhundert später kamen **Windmühlen** mit drehbarer Achse auf, die ihre breiten Flügel nach dem Wind ausrichten konnten. Vom 12. Jahrhundert an spannte man die Zugtiere nicht mehr nur nebeneinander, sondern auch hintereinander, was die Zugleistung verdoppelte. Die Pferde erhielten **Hufeisen**, die die Hufe schützten und ihnen besseren Tritt verschafften. Im 13. Jahrhundert wurde das **Spinnrad** erfunden, auf dem Leinen-, Hanf- und Wollfäden schnell aufgerollt werden konnten. Am waagrechten **Trittwebstuhl** konnten die Bäuerinnen im Sitzen arbeiten, oft sogar zwei nebeneinander.

Das Innere der Bauernhäuser bestand oft nur aus einer einzigen Stube, in der auch gekocht und geschlafen wurde, sowie dem Stall für die Tiere. Manchmal gab es auch eine abgetrennte Schlafkammer und eine Küche. Unter dem Dach wurden die Vorräte gelagert: Heu und Getreide, getrocknete Früchte und Beeren, geräuchertes Fleisch. Reichere Bauern hatten Mägde und Knechte, die mit ihnen unter einem Dach lebten.

# Leben im Kloster

Michael unterdrückt ein Gähnen und wirft verstohlen einen Blick durch die Kapelle: Auch die anderen Mönche sehen im Kerzenschimmer recht müde aus. Es ist drei Stunden nach Mitternacht und draußen noch stockdunkel. Doch die Regeln im Kloster sind streng: Der Ordensgründer, der Heilige Benedikt, schreibt vor, die Zeit bis zum Morgengrauen mit Studien und Gebeten zu verbringen. Vor einem Jahr ist Michael von seinem Vater ins Kloster St. Gallen gebracht worden. Als dritter Sohn eines Ritters soll er hier ausgebildet werden, um später vielleicht in der Kirche Karriere zu machen. Bei den vielstimmigen Chorälen singt er inzwischen schon fleißig mit. Doch mit dem Entziffern seines lateinischen Bibeltextes tut er sich immer noch schwer. Um sechs Uhr ruft die Glocke erneut zum Gebet.

Nach der Andacht geht Michael mit Bruder Notker in den Klostergarten, wo schon einige Bauern aus der Umgebung warten. Notker zeigt ihnen, wie man Bäume beschneidet und Apfelsorten veredelt – eine Methode, die die Mönche aus einem alten römischen Buch übernommen und weiterentwickelt haben.

Nach dem Mittagsgebet finden sich die Brüder im Refektorium ein, um schweigend ihr Mittagsmahl einzunehmen. Von der Empore liest ein Mönch aus dem Neuen Testament vor. Nachmittags besucht Michael die Lateinschule. Stundenlang muss er im Chor mit den anderen Schülern Wörter konjugieren und deklinieren, dann mit Gänsefeder und Tinte sorgfältig Buchstaben zeichnen. Nach dem Abendessen und dem Abendgebet brütet er wieder über seinem Bibeltext; dabei fallen ihm beinahe schon die Augen zu. Als der Junge nach der Nachtmesse endlich auf seinem Strohsack liegt, brummt ihm der Kopf von Psalmen, Gebeten und lateinischen Vokabeln ...

*Ein Junge wird von seinen Eltern ins Kloster gebracht. Anfangs standen die Klöster allen Schichten offen, später musste man sich bei einigen Orden regelrecht „einkaufen". Dies konnten nur Adelige und reiche Kaufmannsfamilien.*

*In der Schreibstube des Klosters wurden Bücher geschrieben oder abgeschrieben und mit Bildern und kunstvollen Anfangsbuchstaben verziert. Bei der Arbeit durfte nicht gesprochen werden.*

## MÖNCHSORDEN

Erster und lange Zeit wichtigster Orden waren die nach ihrem Gründer Benedikt von Nursia benannten Benediktiner. Die Regeln des Heiligen Benedikt wurden aber im Laufe der Zeit immer weniger befolgt: Statt Arbeit und Gebet herrschten an vielen Klöstern Prunk und Pomp. Gegen diese Entwicklung kämpfte eine Reformbewegung, deren wichtigster Vertreter Bernhard von Clairvaux (1091-1153) war. Er führte den Orden der Zisterzienser, der sich wieder mehr der Religion sowie der Vermittlung von Wissen und technischem Fortschritt widmete. Noch weiter ging Franz von Assisi (1181-1226), der seine Anhänger zu einem Leben in völliger Armut und Buße verpflichtete. Die Franziskaner zogen als Bettler und Wanderprediger umher und kümmerten sich um Kranke und Aussätzige. Auch die speziell in Redekunst und Diskussion ausgebildeten Dominikaner kamen weit im Lande herum und suchten dabei gezielt die Auseinandersetzung mit Kritikern der Kirche. Schließlich gab es noch Ritterorden, die infolge der Kreuzzüge gegründet wurden. Templer, Johanniter und die Ritter des Deutschen Ordens verrichteten ihren „Gottesdienst" nicht mehr mit Gebet und Arbeit, sondern mit dem Schwert.

*Klöster, wie hier auf dem Berg Athos in Griechenland, konnten riesige, burgähnliche Anlagen sein. Die Mönchsgemeinde auf dem Berg Athos wurde bereits im 10. Jahrhundert gegründet.*

### Wie entstanden die Klöster?

Im 4. Jahrhundert entstand im Christentum eine Bewegung, sich zum Beten und Fasten an abgeschiedene Orte zurückzuziehen. Den „monachi" („für sich allein Lebenden") schlossen sich aber bald viele gleichgesinnte Frauen und Männer an. Hilfsbedürftige und Kranke suchten ihre Nähe. Bald entstanden so, zunächst im Orient und in Ägypten, die ersten Klöster.

Die Gemeinschaften der Mönche und Nonnen brauchten eine gemeinsame Ordnung für ihr Zusammenleben. Benedikt von Nursia (ca. 480-547), der Gründer des Klosters Monte Cassino, schuf Ordensregeln, die bald das ganze europäische Mönchstum beeinflussten. In dem Satz „Ora et labora" – „Bete und arbeite" – ist der Kern seiner Lehre zusammengefasst. Die Brüder und Schwestern verzichteten auf allen persönlichen Besitz und widmeten ihr Leben ganz der Lobpreisung Gottes. Ihm dienten sie nicht nur, indem sie täglich mehrmals den Gottesdienst besuchten und viele Stunden im Gebet verbrachten, sondern auch durch ihre Arbeit. Alles, was die Mönche für ihr Kloster und die Menschen ihrer Umgebung taten, wurde als frommes Werk verstanden.

*Nach einer Probezeit wird der Novize in die Gemeinschaft der Mönche aufgenommen und erhält sein „Habit", seine Mönchskutte (rechts).*

### Welche Aufgaben hatten die Klöster?

Im frühen Mittelalter dienten die Klöster oft als Stützpunkte, von denen aus das umliegende Gebiet missioniert wurde. In ihnen wurden auch die Dorfpriester ausgebildet. Da die christliche Religion Gehorsam gegenüber der Obrigkeit lehrte und für die Mächtigen keine Gefahr darstellte, wurden die

27

Mönchsorden bei der Verbreitung des Christentums von König und Adel unterstützt.

Das ganze Mittelalter hindurch verstanden sich die Klöster als Bewahrer des Glaubens und Hort der Bildung. In den Klosterschulen lernten viele Mönche Lesen und Schreiben, und zwar in Latein, der Sprache der Wissenschaft. Sie sammelten, kopierten und verbreiteten nicht nur fromme Bücher wie die Bibel, sondern auch die wichtigsten Schriften der Griechen und Römer.

Mit der Zeit wurden die Klöster immer größer. Die Mönche konnten das Land bald nicht mehr allein bestellen und man vergab Felder zur Bewirtschaftung an Bauern. So wurden nun auch die Klöster zu Grundherren, die über freie und unfreie Bauern herrschten. In dieser Funktion trugen sie auch zum Aufschwung der Landwirtschaft bei. Dabei profitierten sie vom Wissen und der Technik der Römer, die sie deren Schriften entnahmen.

*Im Speisesaal wurde meist schweigend gegessen, während ein Mönch aus der Bibel vorlas.*

## Was gehörte alles zu einem Kloster?

Mittelpunkt eines Klosters war die Kirche oder Kapelle, in der sich die Mönche fünf- bis siebenmal am Tag zum Beten und Singen trafen. An sie schlossen sich einer oder mehrere Innenhöfe an, die von überdachten Gängen, den „Kreuzgängen", umgeben waren. In

### FÜRSORGE FÜR ARME

Arme gehörten durch Krieg, Hungersnöte und Krankheiten zum Alltagsbild des Mittelalters. Oft zog es sie in die Städte. Die Kirche verwendete einen Teil der an sie entrichteten Abgaben für die Armenhilfe. So gab es in den meisten städtischen Klöstern einen Raum, wo Arme für einige Tage nächtigen konnten und eine „Armensuppe" erhielten. Später kamen städtische „Armenhäuser" hinzu, die allerdings meistens nur Einwohner der eigenen Stadt unterstützten. Reiche Bürger luden Arme auch zum „Totenmahl" ein, wo sie nach dem Essen für das Seelenheil der Verstorbenen beten mussten. So war jedes Almosen mit einem „Gegengeschäft" verbunden: Der Empfänger hatte für den Spender zu beten.

### BUCHHERSTELLUNG

Die Buchherstellung war im Mittelalter eine Aufgabe der Mönche. Bücher waren sehr kostbar. In den Schreibstuben der Klöster wurden sie mit der Hand auf Pergament geschrieben, das im Kloster selbst aus Schafs-, Ziegen- oder Kalbshäuten hergestellt und auf das richtige Format zugeschnitten wurde. Um Diebstahl zu verhindern, wurden die Bücher in der Schreibstube mit einer kleinen Kette an den Tischen befestigt. Die Mönche kopierten vorhandene Bücher und Schriftrollen: die Bibel, Predigten und andere fromme Schriften, aber auch Bücher von Dichtern und Denkern der Antike, Geschichtswerke und Gesetzestexte. In den Klosterbibliotheken wurde das gesammelte Wissen aufbewahrt. Oft erhielten die Bücher auch kunstvolle Verzierungen. Unter den Mönchen gab es Spezialisten, die nur prachtvoll gestaltete erste Buchstaben, so genannte „Initialen", zeichneten, und andere, die die Seiten mit Blütenranken oder kleinen Szenen schmückten. Für eine so prächtig bebilderte Bibel musste ein Fürst etwa mit einem Weinberg, einem großen Wald oder dem Monatsertrag eines ganzen Dorfes bezahlen.

*Um Bücher bequem mit sich tragen zu können, gab es im Spätmittelalter „Buchbeutel": mit einem Ledertuch bespannte Bücher, die man am Gürtel befestigen konnte.*

## KLOSTERGÄRTEN

In den Klostergärten wurde eine Vielzahl von Obst- und Gemüsesorten angebaut. Im Laufe der Jahrhunderte führten die Mönche viele neue Sorten ein, darunter Kirschen und Aprikosen, Zwiebeln und Knoblauch, Blattsalate und Rettich. Kernstück war das „Apothekergärtlein": Dort wuchsen – so beschreibt es ein Mönch aus der Zeit Karls des Großen – „Spring-, Haus- und Haselwurz, Beifuß und Liebstöckel, Möhre, Rosmarin und Salbei, Schwertlilie und Kümmel, Wegwarte und Gartenminze und die hundertblättrige Rose". Aus diesen und anderen Kräutern mixten die Mönche und Nonnen ihre Tränke und Salben für die Kranken, die manchmal erstaunlich gut wirkten.

*Eine wichtige Aufgabe der Klöster war die Krankenpflege. Neben einem Krankensaal gab es auch eine Apotheke.*

ihnen wandelten und meditierten die Mönche zu bestimmten Zeiten. Diesen innersten Bereich des Klosters, die Klausur, durften nur die Mönche betreten. Dort lagen auch der Speisesaal (Refektorium) und der gemeinsame Schlafsaal (Dormitorium). Nur wenige Brüder hatten Einzelzellen, der Abt verfügte über einen eigenen Wohnbereich. In der Bibliothek wurden Bücher und Schriftrollen aufbewahrt, in der Schreibstube (Skriptorium) fertigten die Mönche neben Handschriften auch Schriftstücke für adelige Auftraggeber an, die des Schreibens nicht mächtig waren. Körperliche Arbeit verrichteten sie in der Küche, im Gemüse- und Kräutergarten, im Obstgarten, auf dem Weinberg oder am Fischteich.

Zur Klosteranlage gehörte ein großer Wirtschaftsteil mit Werkstätten, Bäckerei und Brauerei, einer Mühle sowie Ställen für das Vieh. Es gab Unterkünfte für Gäste und Pilger. In der Klosterschule wurden die angehenden Mönche, aber auch junge Adelige und später die Kinder wohlhabender Stadtbürger unterrichtet. Vielen Klöstern war auch ein Spital angeschlossen, in das die Menschen aus der Gegend ihre Kranken und Pflegebedürftigen brachten.

### Wer lebte in den Klöstern?

Die meisten Mönche und Nonnen kamen aus dem einfachen Volk. Bauern und Handwerker gaben gern eines ihrer Kinder ins Kloster, denn dort war es gut versorgt. Mit Ausnahme der Mitglieder von Wanderorden wie Franziskanern und Dominikanern durften die Mönche ihr Kloster in der Regel nicht verlassen. Oft blieben sie ihr ganzes Leben lang an einem Ort.

Die Klostervorsteher, die Äbtissinnen und Äbte, waren meist Adelige und gehörten zu den Mächtigen im Lande. Sie herrschten oft vom Kloster aus über riesige Ländereien. Die Äbte begleiteten mit ihren Rittern den König auf seinen Feldzügen.

# GESUNDHEIT

## MEDIZIN

Die Medizin beruhte im Mittelalter auf einer Mischung von praktischer Erfahrung und überliefertem Wissen, von Glaube und Aberglaube. Man setzte vor allem auf die Wirkung von Pflanzen, die den Menschen wieder ins Gleichgewicht bringen sollte. Großen Einfluss schrieb man den Sternen zu, und man hielt die Kranken zum Beten an. Den meisten schweren Krankheiten und Verletzungen standen die Menschen hilflos gegenüber, deshalb empfanden sie eine Genesung oft als Wunder. Erst als Ende des 12. Jahrhunderts der „Kanon der Medizin", ein Buch des arabischen Arztes Ibn Sina (Avicenna), nach Europa gelangte, war die Grundlage für eine stärker wissenschaftlich orientierte Medizin geschaffen. Nun entstand die Medizin als eigener Forschungszweig, der auch an den aufkommenden Universitäten gelehrt wurde.

## KRANKHEITEN

Häufige Hungersnöte und eine unausgewogene Ernährung schwächten den Körper. Kalte, zugige und feuchte Stuben förderten Erkältungs- und Durchfallerkrankungen. Da man nicht wusste, dass Verletzungen desinfiziert werden müssen, führten sie oft zu Wundbrand und Tod. An den zahlreichen Krankheiten starb die Hälfte der Bevölkerung schon im Kindesalter, viele Menschen wurden nicht älter als 40 Jahre. Erkrankungen wie Krebs, Schlaganfall oder Herzinfarkt, die meist erst in höherem Alter auftreten, gab es daher damals kaum. Die schlimmste Krankheit war die Pest, an der im 14. Jahrhundert fast ein Drittel aller Menschen starb. Weil bei der Beulenpest überall am Körper kleine schwarze Beulen entstehen, nannte man sie auch den „Schwarzen Tod". Die Pest wurde durch Flöhe infizierter Ratten übertragen. Dieser Zusammenhang war den Menschen aber unbekannt, sie wussten nichts über Krankheitserreger und Ansteckungsgefahren.

Der „Schnabel" des Pestarztes enthielt duftende Kräuter: Sie sollten die Atemluft reinigen und ihn vor Ansteckung schützen.

*Im Mittelalter glaubte man an den Einfluss der Sterne auf die Gesundheit. Jedem Organ war ein bestimmtes Tierkreiszeichen zugeordnet.*

## HYGIENE

Im Mittelalter achtete man auch nicht sehr auf Hygiene. Einmal am Morgen mit kaltem Wasser über Gesicht und Hände, das war Körperpflege genug. Für mehr hatten die meisten Menschen weder Zeit noch Sinn. Alle zwei Wochen ein Bad war das höchste der Gefühle. Dann stieg die ganze Familie nacheinander in den gleichen Badezuber, das Familienoberhaupt zuerst. Die Stuben wurden zwar gefegt und fauliges Stroh in den Matratzen gewechselt, aber in den Straßen sammelten sich Schmutz und Unrat: ein Nährboden für Krankheitserreger. Menschen mit Geschwüren und körperlichen Gebrechen, Blinde und Lahme waren damals ein weit häufigerer Anblick als heute.

*Durch Betasten stellten die Ärzte viele Krankheiten fest.*

*In öffentlichen Badehäusern diente das feuchtfröhliche Wasserplantschen mehr dem Vergnügen als der Reinlichkeit. Von der Kirche wurde es oft als sittenlos getadelt.*

## KRANKENHÄUSER

Für die Pflege der Alten und leicht Erkrankten war in erster Linie die Familie zuständig. Schwerkranke wurden schon im frühen Mittelalter von Mönchen oder Nonnen in Räumen des Klosters behandelt. Später wurden in den größeren Städten auch von Zünften und reichen Kaufleuten Krankenhäuser gegründet. Als Dank für die Fürsorge hatten die Patienten für das Seelenheil des Spenders zu beten.

Leprakranke, die so genannten Aussätzigen, wurden in Häusern oder Hütten außerhalb der Ortschaften untergebracht. Mit einer Holzklapper mussten sie die Gesunden vor ihrem Kommen warnen. Gab es Nachrichten von Seuchen, mussten Reisende oft erst einige Tage in einem Haus vor den Mauern der Stadt verbringen. Erst wenn sie diese Quarantäne ohne Anzeichen von Krankheit überstanden hatten, durften sie den Ort betreten.

*Ein Arzt beim Einrenken verrenkter Glieder (französische Buchmalerei, um 1300).*

*Sellerie fand im Mittelalter vor allem als Arzneipflanze Verwendung. Man schrieb ihm u. a. eine anregende Wirkung zu.*

## ÄRZTE

Die ersten Ärzte waren Mönche und Nonnen, die versuchten, praktische Erfahrungen mit Erkenntnissen aus antiken Schriften zu verbinden. An den Universitäten wurden später auch hoch gelehrte Doktoren ausgebildet, die an die Krankenbetten der Mächtigen und Reichen gerufen wurden. Aber auch die berühmtesten „doctores" hatten über lange Zeit kaum mehr Hilfsmittel und Heilmittel als die gewöhnlichen Wundärzte, die oft auch noch als „Barbiere" tätig waren, also als Bart- und Haarschneider, sowie als Zahnzieher.

Die Ärzte glaubten, dass im Menschen vier Körpersäfte kreisten, die miteinander im Gleichgewicht sein müssen. Bei Krankheiten waren daher Aderlass, Schröpfen und das Setzen von Blutegeln beliebte Mittel. Zur Diagnose diente die Harnschau. Bei chirurgischen Eingriffen gab es keine Narkose. Man flößte dem Patienten so viel Alkohol wie möglich ein und ließ ihn auf ein Brett beißen.

Ursprünglich waren auch viele Frauen in Heilberufen tätig. Gelehrte Nonnen wie Hildegard von Bingen hatten als Ärztinnen einen großen Ruf. Die Hebammen in den Dörfern waren auch für Krankheiten zuständig; sie verstanden sich auf Naturmedizin und alte Heilriten. Heilkundige Frauen hielt man jedoch leicht der Zauberei für fähig. Während der Hexenverfolgungen, die am Ende des Mittelalters einsetzten, endeten viele von ihnen auf dem Scheiterhaufen.

*Der Wundarzt oder „Bader" lässt einen Patienten zur Ader – bei vielen Krankheiten galt dies als Allheilmittel.*

*Aus Pflanzen und Kräutern stellte man Tränke und Salben her. Alant (links) wurde zur Bekämpfung von Erkältungskrankheiten eingesetzt.*

# Leben in der Stadt

„Aus dem Weg, ihr Leut'!" Rücksichtslos treibt der Fuhrknecht sein Gespann durch die Menge. Gerade noch kann Johann zur Seite springen. Schon um diese frühe Zeit herrscht auf der Straße hektisches Treiben. Die Karren der Bauern bleiben auf ihrem Weg zum Marktplatz stecken, weil der Regen über Nacht den Boden aufgeweicht hat. Eine Horde Schweine wühlt grunzend in Abfällen und direkt neben Johann kippt jemand Essensreste aus dem geöffneten Fenster.

Johann ist unterwegs, um für die Frau des Meisters Besorgungen zu machen. Stunden schon ist der Schmiedelehrling auf den Beinen. Im Morgengrauen, noch vor dem kargen Frühstück aus einem Stück Brot und etwas Milch, hat sein Arbeitstag begonnen: Nach dem Aufstehen hat er das Feuer für die Schmiede angefacht, danach Ulf, dem Gesellen, geholfen, den Bretterverschlag vor dem großen Fenster zur Straße hinunterzuklappen und mit zwei Holzböcken zu stützen. Auf diesen „Laden" wird täglich all das getischt, was sein Meister zum Verkauf anbietet: Messer, Scheren, Feilen und anderes Metallwerkzeug. Auf dem Markt holt Johann Brot, Fische und Stoff für einen neuen Kittel, dann kehrt er in die Werkstatt zurück. Dort darf er an seinem Werkstück weiterarbeiten, einer Messerklinge, die er möglichst dünn hämmern soll, ohne sie zu brechen. In der Schmiede ist es heiß und stickig. Die Gesellen lassen Eisenstücke im Feuer rotglühend werden, während der Meister auf dem Amboss zu hämmern beginnt.

Die Mittagsandacht und eine Schüssel mit Fischsuppe sind eine willkommene Abwechslung. Johann ist froh, dass er heute nicht in die Schule muss, zu der ihn der Meister zweimal in der Woche schickt. Als der Abend dämmert, ist er hundemüde. So schlüpft er nach dem Abendessen gleich in die Kammer unter dem Dach, die er sich mit den beiden Gesellen teilt. Wenig später ist er auf seinem Strohsack schon fest eingeschlafen.

*Die ungepflasterten Straßen der Städte waren voller Schmutz, besonders nach einem Regen. Um ihre Schuhe zu schützen, trugen die Leute oft hölzerne Überschuhe, so genannte Trippen.*

## Warum und wo entstanden Städte?

Wo sich wichtige Handelsstraßen und schiffbare Flüsse kreuzten, hatten schon die Römer ummauerte Städte mit großen Brücken gebaut. Nach dem Zerfall des Römerreichs dienten sie oft als Bischofs- oder Fürstensitz. So wurde aus der römischen Provinzhauptstadt Augusta Treverorum die Stadt Trier. Römischen Ursprungs ist auch Regensburg, das sich aus dem Legionslager Castra Regina entwickelte. Insgesamt konzentrierte sich das Leben im Frühmittelalter aber auf den ländlichen Raum, auf die Dörfer, Klöster und Burgen und auf die Königshöfe, die Pfalzen.

Wenn Burgen, Pfalzen oder Klöster an wichtigen Handelswegen oder Heerstraßen lagen, entstanden oft ringsum kleine Siedlungen. Mit der Zeit wollte man auch diese schützen und umgab sie mit einer Mauer und manchmal mit einem Wassergraben. Während sich so die ersten mittelalterlichen Städte eher naturwüchsig entwickelten, wurden vom 11. Jahrhundert an auch planmäßig Städte gegründet. Kaiser und Fürsten suchten mit ihnen ihre Macht zu stärken. Beispiele sind etwa Lübeck, das als Handelszentrum für Nordostdeutschland gebaut wurde, oder die Stadt München, mit der Herzog Heinrich der Löwe den Nord-Süd-Handel in Bayern kontrollieren wollte.

*Ein reicher Patrizier wärmt sich am Feuer, während Diener und Magd den Abendbrottisch decken (flämische Miniatur, um 1520).*

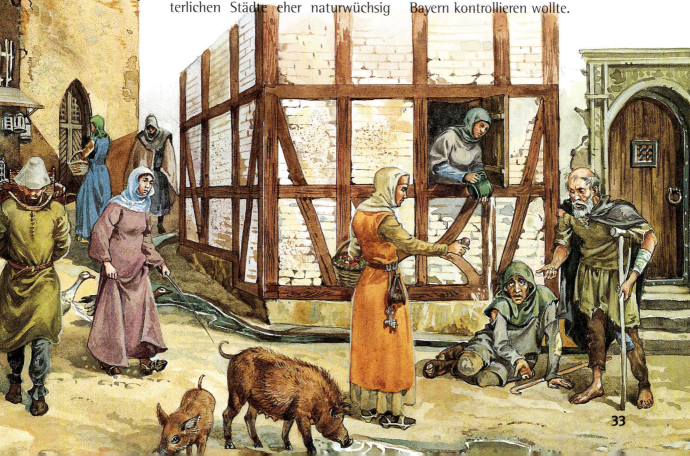

Mit der Zeit zogen die Städte immer mehr Menschen an. Auch die Stadtherren, die Fürsten und Bischöfe, förderten die Ansiedlung und den Handel. Denn je größer und reicher eine Stadt wurde, desto mehr Abgaben konnten sie von ihr verlangen. Gab es um 1000 in Deutschland etwa 150 Städte, so waren es Anfang des 14. Jahrhunderts bereits ungefähr 4 000. Die meisten Orte hatten damals allerdings nicht mehr als 2000 Einwohner. Insgesamt gab es nördlich der Alpen nur etwas mehr als 50 Orte, in denen über 5 000 Menschen lebten; einzig Paris beherbergte rund 80 000 in seinen Mauern. Als Großstädte galten aber auch bedeutende Handelszentren wie Köln, Nürnberg, Brügge, Gent oder London.

*Vor den Toren der Stadt hatten reiche Bürger ihre Äcker. Im Herbst wurde Korn gesät. Vorher bearbeitete man den Boden mit der Egge.*

### Welche Rechte hatten die Städte?

Als die Städte wuchsen und immer wohlhabender wurden, begannen die Stadtbewohner, von den Stadtherren mehr Rechte einzufordern. Im 12. Jahrhundert bildete sich eine neue Schicht reicher und selbstbewusster Händler und Fernkaufleute, die „Patrizier", die bald mehr Einfluss auf die städtische Politik verlangten. Im Laufe der Zeit gestanden ihnen die Stadtherren immer mehr Freiheiten zu. Neben dem Recht, öffentlich Markt zu halten, das die Stadtbewohner von jeher besaßen, erhielten sie die Erlaubnis, eigene Handels- und Rechtsvorschriften zu erlassen und in Streitfällen mit einem eigenen städtischen Gericht darüber zu entscheiden. Auch erwarben sie das Recht auf Selbstverteidigung, allerdings gleichzeitig verbunden mit der Pflicht, die Stadt bei Angriffen zu verteidigen.

Diese Entwicklung verlief meist friedlich. Oft konnten sich die Patrizier ihre Privilegien erkaufen, weil der Stadtherr gerade Geld für einen Feldzug oder den Bau einer Burg brauchte. Manche Städte unterstanden auch direkt dem König, der sie unter Einziehung regelmäßiger Abgaben selbstständig schalten und walten ließ.

*Eine flämische Handelsstadt im späten Mittelalter. Wachen an den befestigten Toren kontrollierten, wer ein- und ausging.*

### BÜRGERPFLICHTEN

**Die Bürger einer Stadt hatten nicht nur Rechte, sondern auch Pflichten. So war die Entrichtung von Steuern und Abgaben ebenso eine Bürgerpflicht wie die Teilnahme an der Verteidigung der Stadt. Jeder Bürger musste in seinem Haus eine entsprechende Ausrüstung bereithalten: Helm, Brustpanzer sowie Armbrust oder Spieß (daher der Name Spießbürger). Wenn die Sturmglocke läutete, musste er sich so gerüstet an einem vorher bestimmten Ort einfinden. Auch zur nächtlichen Wache auf der Stadtmauer und in den Straßen wurden die Bürger eingeteilt. Wer seinem Dienst nicht nachkam, musste Strafe zahlen. Die Feuerbekämpfung wurde ebenfalls geübt, denn Brände waren eine große Gefahr.**

*Bildnis eines reichen Fernhandelskaufmanns im 15. Jahrhundert. Die pelzbesetzte Mütze und die edelsteinverzierte Wärmekugel in der Hand sind Zeichen seines Wohlstands.*

*In vielen Städten gab es eine große Halle, in deren Gewölben die auswärtigen Kaufleute ihre Stände aufbauten. Diese Miniatur zeigt französische Kaufleute um 1450.*

## KAUFMANNS- UND STÄDTEBÜNDE

Vom 11. Jahrhundert an schlossen sich die Fernhändler in Genossenschaften zusammen. So konnten sie ihre Reisen billiger finanzieren, ihre Transporte gemeinsam schützen und ihre Interessen in fremden Städten besser vertreten. Bald arbeiteten auch die Genossenschaften mehrerer Städte zusammen, legten für alle verbindliche Handelsregeln fest und überwachten sie. Schließlich übernahmen die Städte diese Aufgabe und wehrten sich gemeinsam gegen alle Versuche des Adels, sich in den Handel einzumischen und die Rechte und Privilegien der Städte wieder zu beschneiden. Der mächtigste dieser Städtebünde war die Hanse, ein Zusammenschluss im Raum von Nord- und Ostsee, dem im 15. Jahrhundert etwa 70 Städte angehörten.

### Wer herrschte in der Stadt?

Vom Ende des 12. Jahrhunderts an wurden die Städte in vielen Bereichen von den reichen und mächtigen Kaufleuten regiert. Dieses „Patriziat" wählte aus seinen Reihen einen Bürgermeister und den Stadtrat, der Steuern und Abgaben sowie deren Verwendung festlegte. Er erließ auch neue Gesetze und Verordnungen.

Neben dieser Oberschicht entwickelte sich eine breite Mittelschicht, die aus den Handwerkern und kleineren Kaufleuten bestand. Vom 12. Jahrhundert an schlossen sich die einzelnen Handwerke zur Vertretung ihrer Interessen in „Zünften" zusammen. Diese legten die Zahl der Betriebe sowie der Lehrlinge und Gesellen fest, damit genug Arbeit und Lohn für alle da war. Die Zünfte überwachten auch die Qualität der hergestellten Waren und die Ausbildung. Wenn ein Mitglied der Zunft starb, kümmerten sie sich um Witwen und Waisen.

Seit dem 14. Jahrhundert kämpften auch die Zünfte um eine Vertretung im Stadtrat. In einigen Städten kam es deshalb zu erbitterten Kämpfen und Aufständen, in anderen gestanden die reichen Patrizier ein Mitspracherecht freiwillig zu.

### JUDEN

*Ein Jude wird des Diebstahls bezichtigt und hingerichtet. Oft wurden Juden Vergehen vorgeworfen, die sie nicht begangen hatten.*

Im frühen Mittelalter waren unter der oft hoch gebildeten jüdischen Bevölkerung die besten Händler zu finden. Sie wurden von der Obrigkeit, so von Kaiser Karl dem Großen, gefördert und geschützt. Die fremden Sitten und Gebräuche der Juden und ihr wirtschaftlicher Erfolg weckten jedoch Ablehnung bei der einheimischen Bevölkerung. Mit dem Beginn der Kreuzzüge begann die katholische Kirche, die Juden als „Christusmörder" zu bekämpfen. Schritt für Schritt wurde ihnen die Möglichkeit genommen, Handel zu treiben. Nur das anrüchige, den Christen verbotene Geschäft des Geldverleihs blieb ihnen erlaubt. Immer wieder vertrieben Adel, Kirche und städtische Obrigkeit die jüdische Bevölkerung aus den Städten. Auch wenn religiöse Gründe vorgeschoben wurden: Meist war es doch so, wie der Chronist der Stadt Straßburg im 11. Jahrhundert schrieb: „Das Geld war der Grund, weswegen die Juden getötet wurden."

35

*Diese Ansicht von Bamberg zeigt die typischen Kennzeichen einer mittelalterlichen Stadt: die starken Mauern und befestigten Stadttore, die große, weithin sichtbare Kirche (der Bamberger Dom) und das der Stadt vorgelagerte Kloster (links auf dem Hügel).*

### Wer gehörte nicht zu den Bürgern?

Bürger einer Stadt war, wer über Haus und Besitz verfügte, einen Beitrag zur Stadtverteidigung leistete und in den städtischen Angelegenheiten ein Mitspracherecht besaß – also wählen durfte oder selbst in eines der städtischen Gremien gewählt werden konnte.

Nicht zu den Bürgern zählte die städtische Unterschicht. Dazu gehörten die Gesellen, Lehrlinge, Knechte und Mägde, die entweder bei ihren Herren oder in kleinen Hütten im Schatten der Stadtmauer lebten. Es gab auch Berufe wie den Henker oder den Totengräber, die als „unehrlich" (also als anrüchig) galten und deren Vertreter deshalb nicht zu den Bürgern gehörten. Alle diese Gruppen besaßen keinerlei Mitsprache bei der Verwaltung der Stadt. Doch auch sie waren frei in dem Sinne, dass sie nur den für alle Stadtbewohner geltenden Gesetzen und Verordnungen unterworfen waren, die vom Rat der Stadt erlassen wurden. Angesichts der Willkür der adeligen Herren auf dem Lande schauten deshalb viele Landbewohner neidisch auf die Städte, bald gab es das Sprichwort „Stadtluft macht frei!"

### Wie sahen die Städte aus?

Mittelalterliche Städte unterschieden sich je nach Größe deutlich voneinander. Die kleineren waren oft nicht mehr als ummauerte Dörfer, in deren Mitte sich eine große Kirche, der Marktplatz, das Rathaus und einige Patrizierhäuser befanden. Ringsum lagen die Häuser der Handwerker und einfacheren Leute. Einlass erlangte man, wie in den größeren Städten, nur an den befestigten Stadttoren. Von den Toren zum Marktplatz führten größere Straßen, von denen spinnennetzartig kleine Gässchen ausgingen.

Mit der Zeit bildeten sich in Städten ab 10 000 Einwohnern deutlich unterscheidbare Bereiche heraus. Da gab es den Verwaltungsbezirk mit dem Rathaus, dem Gerichtsgebäude, dem Zeughaus, in dem die Waffen gelagert wurden, und der Wohnung des Stadtvogtes. Rund um die Kathe-

*Ochsenhandel in Brügge, um 1520.*

### NACHTWACHEN

Nachts war es in den kaum beleuchteten Städten finster und gefährlich. Man hielt sich dann möglichst nicht mehr im Freien auf. Auf den Mauern und in Straßen und Gassen patrouillierten bewaffnete Nachtwachen, die darauf achteten, dass Stadttore und Haustüren ordnungsgemäß verschlossen waren. Sie konnten auch jeden, der nachts noch unterwegs war, anhalten, ausfragen und im Zweifelsfall verhaften. Ihr Hauptaugenmerk galt aber möglichen Bränden: Bei Feuer weckten sie ihre Mitbürger durch lautes Rufen und das Betätigen der Feuerglocke. Die Nachtwache gehörte zunächst zu den regelmäßigen Bürgerpflichten. Vom 13. Jahrhundert an stellten einige Städte dann richtige „Nachtwächter" ein.

# KATHEDRALEN

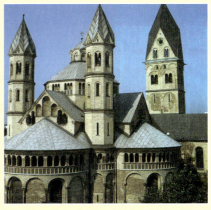

*Gotische Kirchen wurden über Generationen gebaut, manchmal sogar über Jahrhunderte. Im Bild ist der Chor, in dem der Altar steht, bereits fertig gestellt, so dass schon Gottesdienste möglich sind. Mit den Mauern für das Querschiff hat man dagegen gerade erst begonnen.*

Viele der Kirchen, die noch heute das Bild unserer Städte prägen, verdanken wir den Baumeistern des Mittelalters. Zunächst waren die Kirchenbauten wuchtig, mit massiven Mauern und kleinen Fenstern. Runde Bögen überspannten Fenster und Pfeiler und erinnerten an römisch-antike Bauwerke. Romanik heißt daher dieser Stil, der bis zum Beginn des 12. Jahrhunderts vorherrschte. Die romanischen Kirchen boten der Gemeinde nicht nur Platz für den Gottesdienst, bei Gefahr fanden die Menschen auch Schutz hinter ihren dicken Mauern. Gleichzeitig sollte die Kirche aber auch eine Brücke zwischen Diesseits und Jenseits bilden. Sie sollte den Gläubigen einen Vorgeschmack auf das Paradies geben. Daher setzten die Baumeister all ihr Können ein, um die Bauwerke noch höher und majestätischer zu gestalten. So entstanden im 12. Jahrhundert die ersten gotischen Kathedralen (von dem Wort „cathedra", das heißt Bischofssitz).

**ROMANIK**

**GOTIK**

Von Frankreich ausgehend, setzte sich der neue Baustil vor allem in Deutschland, England und Spanien durch. Die Rundbögen der Romanik wurden durch Spitzbögen ersetzt. Weil die Last der hohen Gewölbe auf die Eckpfeiler übertragen wurde, gestützt von Pfeilern außerhalb der Mauern, waren weniger Stützwände nötig. Nun konnten die Mauern mit hohen Fenstern durchbrochen werden. Wenn durch das bunte Glas helles Licht einfiel, dann entstand der Eindruck einer „lichtdurchfluteten Himmelsstadt". Bald wetteiferten Fürsten und Städte um die schönste Kirche. Wer mit Geld, Material oder Arbeit zu ihrem Bau beitrug, der war sich sicher, dass Gott ihn dafür belohnen würde. So war für die Stadtbewohner der Bau eines neuen Gotteshauses eine Herzensangelegenheit. Der Name „Gotik", in Italien geprägt, war zunächst abschätzig gemeint: Dort wurde der neue Stil als eine Abkehr von den edlen Gesetzen der römisch-griechischen Baukunst empfunden. „Gotisch" hieß so viel wie „barbarisch". Heute hat der Begriff Gotik jeden negativen Beigeschmack verloren.

*Romanische Kirchen mit ihren dicken Mauern erinnern nicht zufällig an Burgen: In Notzeiten zogen sich die Menschen in sie zurück.*

*Kunstvolle farbige Glasfenster sind der Schmuck jeder gotischen Kathedrale.*

*Westfassade der Kathedrale Notre Dame in Paris.*

drale, den Dom oder das Münster erstreckte sich der Kirchenbezirk mit dem Bischofspalast, einem Kloster und der daran angeschlossenen Schule. Im Zentrum des Handelsviertels befanden sich der Marktplatz oder die überdachten Markthallen. Dort standen die großen Kornspeicher, in denen Getreide für Notzeiten aufbewahrt wurde, und die Handelskontore, in denen die Fernhändler ihre Waren lagerten. Der Marktplatz war auch der Ort, wo Gerichtsverhandlungen stattfanden und Urteile vollstreckt wurden; hier waren oft Richtblock und Pranger. (Der Galgen hingegen hatte seinen Platz weithin sichtbar vor den Toren der Stadt.)

Umgeben waren diese zentralen Bereiche von den Handwerkervierteln, die nach praktischen Gesichtspunkten angeordnet waren: Die Gerber etwa wohnten nahe am Wasser, das sie für das Einlegen der Häute benötigten, und die Töpfer wegen der Feuergefahr am Stadtrand.

**Wie waren die Stadthäuser gebaut?**

Die Stadthäuser waren dicht aneinander gebaut und die Gassen sehr eng. In der Regel hatte ein Haus drei bis fünf Etagen. Zunächst erstellte man aus großen Holzbalken den Rohbau; anschließend wurden die Zwischenräume – mit Ausnahme der Fenster – mit einer

*Fahrende Bäcker verkauften in den Straßen frisch gebackenes Brot (Miniatur aus dem 15. Jahrhundert).*

*Lagern, Arbeiten, Wohnen, Schlafen: So waren in der Regel die Stockwerke in den schmalen städtischen Handwerker- und Kaufmannshäusern aufgeteilt. Die Zeichnung zeigt das Haus eines Tuchhändlers.*

Mischung aus Lehm und Stroh ausgefüllt. Behauene Steine wurden selten, wenn überhaupt, für die Grundmauern verwendet. Steinhäuser konnten sich nur die Reichen leisten: Aufwändige, verzierte Fassaden mit Rundfenstern zeigten den Wohlstand ihres Besitzers.

Im Erdgeschoss lagen meistens die Werkstatt und der Verkaufsraum, im Stockwerk darüber lebte die Familie des Hausbesitzers. Dort waren die Wohnstube und die Küche untergebracht. In den Etagen darüber befanden sich die Schlafstuben und zahlreiche kleine Zimmer und Kammern, in denen Gesellen, Lehrlinge und Bedienstete wohnten. Hier waren die Räume auch niedriger als in den unteren Stockwerken. Vorräte wurden im Keller, aber auch im Speicher unter dem Dach gelagert.

Da vor allem im Dachstuhl viel Holz verwendet wurde, war die Gefahr von Bränden, die sich schnell über die Stadt ausbreiteten, sehr groß. So forderte 1212 ein Feuer an der Themsebrücke in London über 3000 Tote. Auf Grund solcher Erfahrungen wurden die Dächer später nicht mehr mit Stroh und Holzschindeln gedeckt, sondern mit Ziegeln aus Ton.

Auf den ungepflasterten Straßen herrschte, vor allem bei Regen, ein unbeschreiblicher Schmutz. Es stank von Speiseresten und menschlichen Exkrementen, die ungeniert auf die Straßen gekippt wurden. Diese Art der Müllentsorgung führte immer wieder dazu, dass Brunnen oder sogar das Grundwasser verunreinigt wurden. Auch

## STRAFEN

Das mittelalterliche Recht richtete sich nach dem Motto „Auge um Auge, Zahn um Zahn". Dieben wurde die Hand abgehackt, Mörder wurden hingerichtet, Gotteslästerern schnitt man die Zunge heraus. Die harte Bestrafung sollte Nacheiferer abschrecken. Bei kleineren Vergehen stellte man die Verurteilten auch an den Pranger, wo sie von den anderen Bürgern verspottet oder mit Unrat beworfen werden konnten. Im Kerker, der meist im Keller des Rathauses oder in einem Stadtturm untergebracht war, warteten die Gefangenen auf den Gerichtstag oder auf die Zahlung der verhängten Geldbuße durch ihre Familie. Für die Verpflegung und das Stroh, auf dem sie schliefen, mussten sie selbst aufkommen. Gefängnisse in unserem Sinne gab es bis zum 13. Jahrhundert nicht.

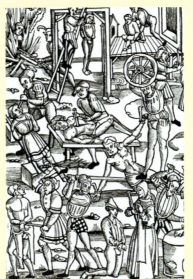

*Das Bild zeigt die Arbeit in einer städtischen Weinkelterei: Um den Rebsaft zu gewinnen, werden die Trauben mit den Füßen mühsam zerstampft. Der Saft wird zum Gären in Fässer abgefüllt.*

*Sackträger*    *Hufschmied*    *Tischler*    *Schneider*    *Färber*

wenn die Menschen noch nichts von Bakterien, Viren und anderen Krankheitserregern wussten, so war ihnen der Zusammenhang zwischen mangelnder Hygiene und Krankheiten doch nicht ganz unbekannt. Die Erfahrung zeigte, dass dort, wo es viel Ungeziefer und viele Ratten gab, wo es besonders stank und schimmelte, auch mehr Krankheiten auftraten. Deshalb begann man in den großen Städten, regelmäßig die Straßen zu reinigen, erst ein- bis zweimal im Jahr, dann monatlich. Aus den offenen Stadtbächen wurden abgedeckte Kanalisationen, die Häuser erhielten Dachrinnen und Ablaufrohre, die Straßen ein Pflaster. Die Müllentsorgung wurde zur städtischen Aufgabe.

**Wie lebten und arbeiteten die Handwerker?**

Zu einem Teil waren auch die Städter, wie die Menschen auf dem Land, Selbstversorger. Viele von ihnen besaßen innerhalb der Stadtmauern Obst- und Gemüsegärten und hielten Hühner und Schweine. Außerhalb der Mauern gab es Äcker und Anbauflächen für Hopfen und Wein. Dort besaßen reichere Bürger auch Weiden und Wälder sowie Steinbrüche, Lehmgruben oder Ziegeleien. Im Stadtwald durften die Bürger Brennholz sammeln und mit behördlicher Genehmigung auch Bäume für Bauholz schlagen. Die örtlichen Handwerker stellten alles her, was an Gütern für den täglichen Gebrauch nötig war: Kleidung, Möbel, Werkzeug und alles, was man für den Hausbau brauchte. Bäcker und Metzger verarbeiteten Korn und Fleisch zu Brot und Wurst.

Mit der Zeit spezialisierten sich die Handwerker in der Stadt immer mehr, weil sie einen immer größeren Kundenkreis bedienen mussten. Für das Holz, das für Fachwerk oder Dachstuhl benötigt wurde, war nun der Zimmermann zuständig, für die Möbel der Tischler. An der Herstellung von Kleidung waren der Tuchmacher, der Färber, der Schneider, der Gürtler und der Hutmacher beteiligt. Statt eines einzigen Schmiedes, wie auf dem Dorf, gab es nun Huf-, Gold- und Silberschmiede sowie Werkzeugmacher. Im Laufe der Zeit entstanden so immer mehr verschiedene Handwerksberufe.

Jedes städtische Handwerk war streng durchorganisiert. Die Meister gaben ihre Söhne bei einem anderen Meister in die Lehre, die bis zu fünf Jahre dauerte. Auf die Lehre folgte die Gesellenzeit. Die Gesellen gingen im Spätmittelalter „auf die Walz", also auf die Wanderschaft, um in anderen Städten dazuzulernen (wie es noch heute manche junge Handwerker tun). Damit ein Geselle Meister werden

*Ein vornehmer Stadtbürger lässt sich beim Barbier rasieren (oben links). Unten: Töpferin beim Formen eines Tongefäßes. Es wird später im Ofen gebrannt.*

40

*Weber*    *Zinngießer*    *Gerber*    *Schreiber*    *Fuhrmann*

*In den Städten entstanden im Laufe des Mittelalters viele verschiedene Berufe.*

## DIE FUGGER

**Am Ende des Mittelalters entwickelten sich Händlerfamilien zu regelrechten Unternehmern. Die mächtigste und reichste unter ihnen war die Familie der Fugger aus Augsburg. Die Fugger besaßen Niederlassungen in fast 50 Städten und handelten mit allen erdenklichen Waren, betrieben aber auch Bergwerke und betätigten sich als Bankiers. Jakob Fugger „der Reiche", er lebte im 15. Jahrhundert, war sogar im Stande, mit 800 000 Gulden die Kurfürsten zu bestechen, damit sie dem Habsburger Karl V. bei der Kaiserwahl ihre Stimme gaben.**

*Ein Ochse wird zur Schlachtbank geführt und mit einem einzigen Schlag des Holzhammers getötet.*

konnte, musste erst einmal eine Meisterstelle frei werden. Er musste dann eine besondere Arbeit abliefern, das „Meisterstück", und sich vom Zunftmeister über sein Wissen prüfen lassen.

Die Handwerkerfrauen kümmerten sich um die Organisation des Haushalts und halfen manchmal auch in der Werkstatt mit. Meist übernahmen sie die Buchführung und den Verkauf der Waren. Die Frauen von Gesellen – wenn die Zunft überhaupt deren Heirat erlaubte – verrichteten Hilfsarbeiten oder verdingten sich als Mägde und Dienstboten bei reichen Bürgern.

**Was geschah auf dem Markt?**

Dreh- und Angelpunkt jeder Stadt war der Marktplatz. An festgelegten Tagen, oft zwei- oder dreimal in der Woche, war dort Markt. Handwerker aus der Stadt, Bauern, und fahrende Händler boten ihre Waren an. Wein und Getreide, Heringsfässer und Vieh wurden vom Land in die Stadt gebracht. Menschen aus der ganzen Umgebung strömten herbei, um sich mit allem einzudecken, was sie selbst nicht herstellen konnten. Auf dem Markt bot auch der

*Auf dem Markt verkauft ein Metzger seine Ware. Am Stand daneben werden Leder und Schuhe angeboten.*

Schreiber seine Dienste an, der Bader zog Zähne und man erfuhr, was es in Stadt und Land Neues gab.

Bedeutender als der Wochenmarkt war der Jahrmarkt, der einmal jährlich stattfand. Zu ihm kamen Händler von weit her, die besondere Waren anboten: wertvolle Stoffe und Schmuck, Heilsalben und -tränke, exotische Gewürze, edle Pferde und vieles mehr. Umrahmt wurde dieses Ereignis von Gauklern, Akrobaten, Geschichtenerzählern und fahrenden Sängern.

Im Laufe des Mittelalters entwickelte sich ein reger Handel über ganz Europa. In einigen großen Städten wurden im Frühjahr und im Herbst Messen abgehalten: Händler aus ganz Europa zeigten Muster ihrer Waren und nahmen Verkaufsauf-

41

träge dafür an. Bestimmte Städte und Gegenden wurden für ihre Produkte bekannt: Die besten Schwerter kamen aus der spanischen Stadt Toledo, in Flandern und im italienischen Florenz wurden exquisite Stoffe hergestellt, Nürnberg war für seine feinen Eisenwaren berühmt.

**Welche Ausbildung gab es in der Stadt?**

Während die reichen Patrizier für ihre Kinder einen Privatlehrer engagierten, konnten Handwerkerkinder etwa vom siebten Jahr an in eine Art Grundschule gehen, die von Mönchen geführt wurde. Ursprünglich waren diese Kloster- und Domschulen vor allem für den geistlichen Nachwuchs gedacht. Vom 11. Jahrhundert an öffneten sie sich auch anderen Ständen. Neben Bibelkunde, dem Leben der Heiligen, Gebeten und Kirchenliedern wurden

*Ein Gelehrter mit Brille liest ein Buch. Die Brille war eine der wichtigsten Erfindungen im späten Mittelalter (um 1300).*

## FERNHANDEL

Den größten Gewinn, aber auch das größte Risiko barg der Handel mit dem fernen Asien. Seide aus China, Pfeffer aus Madagaskar und Gewürze wie Safran, Zimt oder Kardamom aus Indien waren bei den Reichen sehr begehrt. Sie kamen oft per Schiff über den Indischen Ozean und dann weiter in den Mittelmeerraum, wo überall Piraten auf die voll beladenen Handelsschiffe lauerten. Nicht weniger gefährlich war der Landweg über die Seidenstraße, die von China über die Städte Buchara und Samarkand im heutigen Usbekistan bis nach Prag und Wien führte. Wenn sich ein Fernhändler auf diese Reise begab, war er jahrelang unterwegs.

*Der Freiburger Bischof Johannes Kerer, seit 1481 auch Rektor der Universität, belehrt eine Gruppe neuer Studenten über ihre Rechte und Pflichten während des Studiums.*

*Der Marktplatz war der Mittelpunkt einer Stadt. Wenn Markttag war, kamen viele Menschen aus der Umgebung in die Stadt. Es herrschte großes Gedränge, in dem Diebe oft leichtes Spiel hatten.*

dort auch Grundkenntnisse im Rechnen, Lesen und Schreiben vermittelt. In einigen Berufen reichte das bald nicht mehr aus: Kaufleute, aber auch Handwerker mussten gut rechnen und Buch führen können, Pläne und Aufrisse erforderten Kenntnisse in Geometrie. Von einem städtischen Angestellten wurde zügiges und richtiges Schreiben erwartet. So wurden in den Städten vom 13. Jahrhundert an weltliche Schulen gegründet, die stärker an den beruflichen Anforderungen ausgerichtet waren.

Etwa zur gleichen Zeit entstanden in den großen Städten Italiens und Frankreichs auch die ersten Universitäten. Anfangs wurden dort vor allem Geisteswissenschaften wie Theologie, Philosophie und Mathematik gelehrt, dann aber kamen auch praktische Fachrichtungen wie die Medizin, die Rechtswissenschaft oder die Astronomie hinzu. Die ersten deutschen Hochschulen entstanden in Heidelberg (1386) und Köln (1388).

In den Universitäten konnten sich die Professoren Räume mieten, in denen sie ihre Vorlesungen abhielten. Die Studenten mussten dafür bezahlen. Am Ende des Studiums konnte ihnen die Universität als Zeichen der Gelehrsamkeit den Doktorgrad verleihen. Jede Lehrstätte hatte ihren speziellen Schwerpunkt. Theologen und Philosophen gingen nach Paris, wer sich in der Rechtswissenschaft weiterbilden wollte, nach Bologna, und die berühmte arabische Medizin wurde in Salerno auf Sizilien gelehrt.

## WECHSEL

**Im frühen Mittelalter wurde auf den Wochenmärkten noch viel getauscht. Mit der Zeit wurde dies zu umständlich und man bot die Waren zu einem Geldpreis an. Schon seit etwa 800 begannen immer mehr Städte, ihre eigenen Münzen zu prägen. Ihr Wert hing davon ab, wie viel Gold, Silber oder Kupfer in ihnen enthalten war. Die Fernhändler kauften und verkauften große Warenmengen für sehr viel Geld, das sie auf den langen und gefährlichen Reisen nicht immer bei sich tragen wollten. So kamen sie auf die Idee, so genannte „Wechsel" auszustellen. Ein Händler aus Nürnberg, der bei einem Glasbläser in Venedig Glaswaren kaufte, stellte dafür eine Art „Schuldschein" aus. Der Glasbläser konnte diesen Wechsel an einen anderen venezianischen Händler verkaufen, der damit, wenn er in Nürnberg war, seine Waren bezahlte. Dieses Prinzip wurde mit der Zeit ausgeweitet, so dass man Wechsel nun auch in anderen Städten einlösen konnte. Dazu mussten aber überall Orte für derartige Geldgeschäfte geschaffen werden. So entstanden die ersten Banken. Bald wurden dort auch Konten zum Einzahlen und Abheben von Geld eingerichtet. Oben im Bild: eine Szene in einem italienischen Bankhaus (14. Jh.).**

*Um den Gefahren einer Reise zu trotzen, reiste man im Mittelalter möglichst nur in Gesellschaft.*

# REISEN

**REISEN IM MITTELALTER** Die meisten Menschen im Mittelalter reisten nie oder zumindest nicht weit. Der Weg zum Markt in die nahe gelegene Stadt war für viele Bauern die größte Entfernung, die sie in ihrem Leben jemals zurücklegten. Mit Ausnahme der Edelleute war man zu Fuß unterwegs, schwere Lasten wurden auf Ochsenkarren oder Lasteseln mitgeführt. Der normale Reisende legte am Tag zu Fuß etwa 25 Kilometer zurück.

Das Vorwärtskommen war beschwerlich. Es gab nur wenige befestigte Wege, darunter die alten Römerstraßen. Die meisten „Straßen" waren nicht mehr als Schneisen durch die riesigen Wälder, mit zwei Fahrspuren für die Karren. Bei Regen oder während der Schneeschmelze im Frühjahr verwandelten sie sich in sumpfigen Morast. Die Händler mieden deshalb bestimmte Jahreszeiten.

**GEFAHREN AUF DER REISE** Gefahr drohte den Reisenden nicht nur durch die schlechten Wegverhältnisse, die schnell einmal eine Achse oder ein Rad brechen ließen. Abseits der Dörfer und Städte waren sie manchmal tagelang im Wald unterwegs. Da es weder Landkarten noch Kompasse zur Orientierung gab, konnte es leicht geschehen, dass sie sich verirrten und immer wieder mühsam nach dem Weg suchen mussten. Noch größer war die Gefahr, Opfer eines Raubüberfalls zu werden: Räuber, Wegelagerer und Raubritter sprangen mit einsamen Reisenden nicht gerade zimperlich um.

Um sich vor derartigen Gefahren zu schützen, trat man eine Reise möglichst nur in Gesellschaft an: Kaufleute und Fürsten nahmen eine bewaffnete Eskorte mit, andere wie Pilger, Studenten, fahrende Söldner und Sänger, Gaukler und Vagabunden wanderten in Gruppen. Frühzeitig sah man sich nach einem Unterschlupf für die Nacht um – eine Burg, ein Dorf oder eine Herberge – und nahm dafür auch Umwege in Kauf.

**AUF DEM WASSERWEG** Angesichts der schlechten, oft verschlammten Straßen zogen die Kaufleute den Transport auf dem Wasser vor. Insbesondere schwere Güter wie Holzkohle, Salz, Steinblöcke oder Getreidesäcke wurden auf flache Lastkähne geladen, die sehr viel mehr Fracht aufnehmen konnten als die Karren.

Flussabwärts ging es, meist von Segeln unterstützt, recht schnell. Eine Fahrt von Mainz nach Köln dauerte da nur zwei bis drei Tage, zurück hingegen benötigte man etwa drei Wochen. Denn flussaufwärts mussten die Boote von Ochsen, Pferden oder Menschen, den so genannten „Treid-

*Der bekannteste Fernreisende war der Venezianer Marco Polo, dessen Berichte über China ganz Europa faszinierten. Hier bricht er im Jahr 1338 zu einer seiner Reisen auf.*

lern", gezogen („getreidelt") werden. Entlang der Flussläufe lebten viele Menschen von dieser Arbeit. Einzig das Wetter konnte die Binnenschiffer erheblich stören. Eis, Hochwasser oder Trockenperioden brachten den Verkehr schnell zum Erliegen.

*Mit dem Astrolabium (11. Jh.) konnte man den Sonnenstand bestimmen und bei Nacht die Zeit messen, was die Orientierung auf See sehr erleichterte.*

Transporte wurden billiger. Gleichzeitig waren damit auch die Voraussetzungen für lange Seefahrten geschaffen. Abenteurer wie Christoph Kolumbus konnten die Fahrt ins Unbekannte wagen.

**REISEN ZUR SEE**

Die Fahrt über das offene Meer scheuten die Menschen; man hielt sich am liebsten stets in Sichtweite der Küste. Seehandel fand zunächst fast nur auf dem gut schiffbaren Mittelmeer statt, wo die Kapitäne bei gutem Wetter auch einmal den direkten Kurs zu einer entfernten Stadt wagen konnten. Die rauere Nordsee befuhren fast nur Kriegsschiffe wie etwa Rudergaleeren oder die wendigen Wikingerboote. Die schwer beladenen und mühsam zu lenkenden Handelsschiffe waren eigentlich nur für Fahrten nah der Küste geeignet.

Das änderte sich im 13. Jahrhundert mit der Erfindung des Steuerruders, das unten am Heck angebracht war und von der Brücke aus über eine Stange bedient wurde. Nun ließen sich die Schiffe leichter lenken, was wiederum den Bau größerer Schiffe begünstigte. Im Hoch- und Spätmittelalter kamen zwei weitere wichtige Erfindungen nach Europa, die den Seeleuten die Orientierung auf dem offenen Meer erleichterten: das von den Arabern zur Zeit der Kreuzzüge übernommene „Astrolabium" – mit ihm konnte man anhand der Sterne die eigene Position bestimmen – und der Magnetkompass, der Anfang des 14. Jahrhunderts aus China eingeführt wurde. Nun waren auch Fahrten über das offene Meer möglich. Dadurch ließen sich die Seewege erheblich verkürzen und die

*Nur vornehme Pilger, wie hier der Bischof der englischen Stadt Canterbury, konnten reiten, die meisten Leute gingen zu Fuß.*

**PILGER**

Vor allem im Spätmittelalter unternahmen viele Menschen einmal im Leben eine Reise zu einer der Heiligen Stätten, etwa nach Rom zum Grab des Apostels Petrus oder nach Santiago de Compostela in Spanien, wo der Überlieferung nach der Apostel Jakobus begraben sein soll. Der „Jakobsweg", der noch heute von Pilgern genutzt wird, führte durch ganz Europa. Mit der Pilgerfahrt wollten sie etwas für ihr eigenes Seelenheil tun oder aber am heiligen Ort für einen schwer kranken oder verstorbenen Verwandten beten. Auf ihrer monatelangen Reise übernachteten die Pilger in Klöstern und Gasthäusern, die etwa einen Tagesmarsch voneinander entfernt waren.

**BRÜCKEN**

Für den Fernhandel waren Brücken sehr wichtig. Für ihre Benutzung mussten Reisende an Landesherren und Städte eine Gebühr entrichten, den Zoll. Bald verlangte man auch von Schiffen, die unter den Brücken hindurchfahren wollten, eine Abgabe. Immer mehr Zollstellen entstanden. Das Geschäft war so einträglich, dass Herzog Heinrich der Löwe eine Brücke des Bischofs von Passau abbrennen und an anderer Stelle seine eigene Brücke über die Isar erbauen ließ. Dort entstand die Stadt München.

*Flussaufwärts wurden die Lastkähne auf dem Rhein von Treidlern gezogen (oben). Holzstämme wurden zu Flößen zusammengebunden und so flussabwärts transportiert.*

# Aufbruch in eine neue Zeit

*Geistliche predigten den Menschen Demut und Reue, damit sie beim Jüngsten Gericht auf das ewige Leben hoffen konnten.*

**Wie endete das Mittelalter?**

Nach Jahrhunderten einer stetigen Aufwärtsentwicklung, in denen die Städte wuchsen, die Erträge stiegen und sich die Lebensbedingungen der Menschen langsam verbesserten, kam das „schreckliche 14. Jahrhundert". Es begann mit einem allmählichen, aber deutlich spürbaren Klimawandel, einer „Kleinen Eiszeit". Die Gletscher in den Alpen und in Skandinavien dehnten sich aus, Grönland, das „grüne Land", wurde zur Eiswüste. Seit 1310 fielen die Ernten immer schlechter aus, in den bitterkalten Jahren 1315 bis 1317 starben über 10 Prozent der Stadtbevölkerung an Hunger.

Auf diese geschwächten Menschen traf die bisher schlimmste Seuche der Geschichte, die große Pest. In den Jahren 1348 bis 1352 raffte der „Schwarze Tod" etwa 25 Millionen Menschen dahin. Weitere Pestwellen folgten. Im Jahr 1400 lebten im deutschen Teil des Heiligen Römischen Reiches 40 Prozent weniger Leute als hundert Jahre zuvor, die Zahl der Dörfer ging von 170 000 auf 130 000 zurück. Erst 1650 sollte der Stand von 1300 wieder erreicht sein.

Wanderprediger traten auf und prophezeiten das baldige „Jüngste Gericht". War dies der Anfang vom Ende der Welt?, fragten sich viele Menschen. Die offizielle Kirche, von der sie sich in ihrer Angst Hilfe erhofften, befand sich in einem denkbar schlechten Zustand. Die Bischöfe und vor allem der Papst führten sich wie weltliche Herren auf und lebten in Prunk und Luxus. Ihrem Vorbild folgend kümmerten sich auch die einfachen Priester mehr um ihr eigenes Wohlergehen als um die Belange ihrer Gemeinde. Dass solche Geistliche den Weg ins Paradies weisen und die Gnade Gottes erwirken konnten, daran glaubten immer weniger Menschen. Gleichzeitig zweifelten auch immer mehr Leute an der Ständeordnung, die Kirche und Obrigkeit predigten. War es wirklich von Gott gewollt,

### KUGEL ODER SCHEIBE?

Auch die Seefahrer stellten sich, wie die meisten Menschen des Mittelalters, die Erde als Scheibe vor, die von Wasser umflossen war. Sie hatten Angst, zu weit zu fahren und dann herunterzufallen. Die Vorstellung von der Erde als Kugel wurde nur von einigen wenigen Wissenschaftlern vertreten, die dafür von der Kirche scharf angegriffen wurden. Mit der Zeit setzte sich diese Idee auch bei wagemutigen Kapitänen durch: Nur so kam Kolumbus auf den Gedanken, Indien auf dem Seeweg erreichen zu wollen. Weil er dabei aber die Größe der Erdkugel unterschätzte, erreichte er nicht Indien, sondern das dazwischen liegende Amerika.

*Auf dem ältesten erhaltenen Globus der Welt von 1492 ist Amerika noch nicht eingezeichnet.*

dass die einen herrschten, während die anderen immer dienen mussten? So begann denn auch die Neuzeit im 16. Jahrhundert mit großen Bauernaufständen auf dem Land und der Reformation, die zur Spaltung der Christen in Katholiken und Protestanten führte.

*Bauern erheben sich gegen die Willkür ihrer Herren (Holzschnitt aus dem 16. Jahrhundert).*

*Am Ende des Mittelalters rückt bei Künstlern und Wissenschaftlern der Mensch in den Mittelpunkt des Interesses. Sinnbild dieser Entwicklung ist die hier abgebildete anatomische Studie des italienischen Künstlers Leonardo da Vinci.*

**Welche Veränderungen brachte die neue Zeit?**

Die schweren Zeiten setzten einen Prozess des Umdenkens in Gang. Bisher hatte man die Antwort auf alle Fragen in der Bibel gesucht, deren Aussagen als unumstößlich galten. Nun aber forderten Wissenschaftler und Künstler wie der Italiener Leonardo da Vinci (1452-1519), dass man Aussagen über die Welt und die Natur durch praktische Erfahrung und Experimente erhärten müsse. Mehr noch, der Mensch dürfe sein Schicksal nicht mehr nur erdulden, sondern müsse es aktiv in die eigenen Hände nehmen. In diesem Geist begannen immer mehr Erfinder und Wissenschaftler, die Welt zu erforschen und zu erklären, ohne sich um die Verbote der Kirche zu kümmern.

Die durch den Mittelmeerhandel reich gewordenen italienischen Stadtstaaten wie Genua, Florenz oder Venedig lernten nun bereitwillig von ihren islamischen Handelspartnern, angefangen bei der Mathematik und der Buchhaltung über den Schiffsbau bis hin zur Staatskunst. Eine weitere Quelle für neue Ideen waren die Schriften der Griechen und Römer, die man nun ohne religiöse Vorbehalte zu studieren begann.

So kam es zu immer neuen Erkenntnissen und Erfindungen. Gegen den erbitterten Widerstand der Kirche setzten Astronomen die Tatsache durch, dass sich, anders als in der Bibel, die Erde um die Sonne drehte. Neue Horizonte – geographisch mit der Entdeckung Amerikas 1492 – taten sich auf. Erfindungen wie der Buchdruck standen am Anfang der neuen Zeit, auch wenn es noch lange dauern sollte, bis das Buch Allgemeingut wurde. Und bis aus der Idee, dass jeder Mensch für sein Schicksal selbst verantwortlich sei, die Vorstellung wurde, alle Menschen hätten die gleichen unveräußerlichen Rechte, sollten noch Jahrhunderte vergehen. Doch das eng begrenzte Weltbild des Mittelalters war nun durchbrochen.

*Für den Menschen der Neuzeit eröffnen sich faszinierende neue Horizonte.*

## Ein Gericht aus dem Mittelalter

**Zutaten für vier Personen:**
- 1 Liter Hühnerbouillon
- 1/2 gebratenes Hühnchen
- 50 g gemahlene Mandeln
- 1 kleiner Rosmarinzweig
- 1 Petersilienzweig
- 1 Lorbeerblatt
- 2 Weißbrotscheiben
- 1/2 TL Salz
- 1 EL getrocknete Steinpilze
- 2 EL Butter
- 1 EL Granatapfelkerne
- 1/2 EL Pistazienkerne

*Gewürzhändler und Koch im 15. Jahrhundert*

Wer Lust hat, selbst zu testen, wie an den Fürstenhöfen des Mittelalters gespeist wurde, der sollte einmal dieses Rezept für eine Suppe ausprobieren. Es stammt aus Kochbüchern des 15. und 16. Jahrhunderts. Den Namen „Königinsuppe" erhielt es, weil es von der florentinischen Fürstentochter Katharina von Medici, die König Franz I. heiratete, mit nach Frankreich gebracht wurde. Bittet aber am besten eure Eltern, euch bei der Zubereitung zu helfen.

1. Zuerst kaufst du beim Metzger ein gebratenes Hühnchen. (Ihr könnt es natürlich auch zu Hause im Backofen selbst braten.) Wenn das Hühnchen kalt ist, wird es halbiert, das Fleisch von den Knochen gelöst, klein geschnitten und beiseite gestellt.
2. Die Hühnchenknochen mit den Pilzen in einem halben Liter Hühnerbouillon erhitzen, zehn Minuten köcheln lassen, danach die Brühe durch ein Sieb in einen Topf abgießen. Von den Weißbrotscheiben die Rinde ringsherum abschneiden.
3. In die andere Hälfte der Bouillon gibst du die Mandeln, das Lorbeerblatt, die Brotrinde sowie den Petersilien- und den Rosmarinzweig, lässt das Ganze zehn Minuten leicht kochen und siebst die Brühe dann in eine Schüssel ab.
4. Die Butter in einer Pfanne erhitzen, das Weißbrot in Würfel schneiden und darin goldbraun rösten.
5. Die Hühnerbrühe, die Mandelbrühe und die Fleischstückchen in einen Topf geben und zusammen kurz aufkochen. Mit Salz würzen.
6. Vor dem Servieren gibst du in jeden Suppenteller einige Granatapfelkerne, gehackte Pistazienkerne und geröstete Brotwürfel und gießt dann die Königinsuppe darüber. Guten Appetit!

## Index

**A**
Astrolabium 45
Allmende 23
Armbrust 21
Avicenna (siehe Ibn Sina)

**B**
Barbarossa (siehe Friedrich I.)
Belagerung 20, 21
Belagerungsturm 20
Benedikt von Nursia 26, 27
Benediktiner 27
Bergfried 15
Bernhard von Clairvaux 11, 27
Buchdruck 11, 47
Buchherstellung 28
Buhurt 16
Bürger 36

**C**
Cluny, Kloster 10
Chlodwig 10
Chrétien de Troyes 11

**D**
Deutscher Orden 10, 27
Dominikaner 11, 27, 29
Dreifelderwirtschaft 6, 25

**E**
Emirat von Córdoba 10
Eiszeit, Kleine 46

**F**
Falkenjagd 5, 17
Fehde 8, 10, 20
Feuerwaffen 21
Fränkisches Reich 10
Franz von Assisi 11, 27
Franziskaner 27, 29
Friedrich I. Barbarossa 11
Frondienst 5, 23, 24
Frühmittelalter 5, 10, 24, 35, 43
Fugger 41

**G**
Goldene Bulle 11
Gotik 37
Gottesfrieden 10, 20
Gregor IX. 11
Grundherr 23, 24, 25, 28
Gutenberg, Johannes 11

**H**
Habsburger 11, 41
Hanse 11, 35
Heiliges Römisches Reich (Deutscher Nation) 7, 10, 46
Heinrich I. 10
Heinrich IV. 10
Herzog 7, 8
Hexenhammer 11
Hexenverfolgungen 11, 31
Hildegard von Bingen 31
Hochmittelalter 6, 10, 24, 45
Hundertjähriger Krieg 11

**I**
Ibn Sina 30
Inquisition 11
Interregnum 11
Investiturstreit 10

**J**
Jagd 5, 17
Jeanne d'Arc 11
Johann I. Ohneland 11
Johanniter 10, 27
Juden 8, 35

**K**
Kaiser 7, 10
Kanon der Medizin 30
Karl V. 41
Karl der Große 4, 6, 10, 24, 29, 35
Karl Martell 10
Karolinger 10
Katapult 20, 21
Kinderkreuzzug 11
Klosterreform 10
Knappe 13, 15
Kolumbus, Christoph 11, 45, 46
Kompass 45
König 7
Königswahl 7, 11
Konrad IV. 11
Krankenhäuser 31
Kreuzzüge 8, 10, 16, 27, 35, 45

**L**
Langbogenschützen 21
Lehnswesen 6, 10
Leibeigene 24
Leo III. 10
Leonardo da Vinci 47
Lepra 31

**M**
Magna Charta 11
Marco Polo 11, 44
Merowinger 10
Minne 18, 19
Mittelalter 4, 5
Mönchsorden 27
Motte 13

**N**
Nibelungenlied 11

**O**
Otto I. 10
Ottonen 10

**P**
Palas 14
Patrizier 33, 34, 35, 42
Pest 11, 30, 46
Pilger 45
Pippin III. 10

**R**
Rammbock 20, 21
Reconquista 10
Renaissance 5
Ritter 13
Ritterorden 10, 27
Ritterschlag 13
Romanik 37
Rudolf I. 11
Rüstung 21

**S**
Saladin, Sultan 11
Salier 10
Schnabelschuhe 18
Schulen 42, 43
Schwertleite 13
Seidenstraße 42
Spätmittelalter 11, 45
Stände(-ordnung) 7, 46
Ständepyramide 7
Staufer 10, 11

**T**
Templer 10, 27
Tjost 16
Treibjagd 17
Treidler 45
Tribok 20, 21
Troubadoure 18
Turnei 16

**U**
Unfreie Bauern 24, 28
Universitäten 30, 43
Urban II. 8

**V**
Vasallen 6, 20
Völkerwanderung 4, 5
Vogt 12, 13

**W**
Waffen 20
Wikinger 5, 6, 13
Wilhelm der Eroberer 10

**Z**
Zeitmessung 5
Zisterzienser 10, 27
Zünfte 31, 35
Zweifelderwirtschaft 24

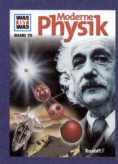

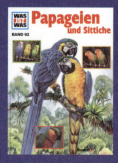

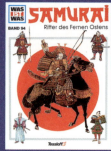

Die Reihe wird fortgesetzt.